정부경쟁력 2013

대표집필 임 도 빈

서울대학교 행정대학원 한국행정연구소
정부경쟁력 연구센터

도서출판 조명문화사
CMPress

머리말

경쟁력이란 말은 매우 혼돈적으로 사용되고 있다. 여기저기서 경쟁, 경쟁, 경쟁이다. 심지어 세계화 시대에 들어선 이후 국가경쟁력이라는 말도 무분별하게 사용되고 있다. 하지만 적어도 학술적으로 사용할 때는 명확한 개념이 필요하다.

더구나 '국가경쟁력'이란 말이 과도하게 사용되는 심각한 문제가 있다. 외국의 영향력을 많이 받는 우리나라는, 스위스의 국제경영원(IMD)에서 나오는 국가경쟁력 순위를 마치 성서와 같이 믿고 있는 경향이 있다. 그 순위에 따라 웃고 울고 있다. 매년 5월이면 매스컴이 이를 대서특필하고, 관련된 정부관료들의 희비가 엇갈린다. 마치 우리 정부의 성적표인 것 같이 여겨진다.

원래 학계에서 사용하는 경쟁력이란 경영학에서 비롯되었다. 그런데 '기업 하기 좋은 나라'라는 의미로 사용되는 국가경쟁력이라는 개념이 정부에 관한 전문연구를 하는 행정학분야에서도 무비판적으로 사용되어온 지 오래되었다.

이제 우리의 행정학은 전 세계적으로 우수한 위치에 있다. 검증되지 않은 정보의 확산에 대해 수수방관하면 안 된다. 나름대로 이론적 틀을 갖고 이를 날카롭게 비판적으로 분석해 볼 필요가 있다.

이런 문제의식에서 한국연구재단의 사회과학지원사업으

로 2011년부터 체계적으로 정보를 수집하고, 이론적 틀을 만들고, 자료를 수집하였다. 이 과정에서 기존의 외국의 것들이 대단히 심각한 문제를 가지고 있다는 점도 발견하였다.

이 연구는 평가 첫 해라는 특성을 가지고 있다. 첫 번째 보고서이기 때문에 신중을 기하다 보니, 출판시기가 좀 늦었다. 또한 자료제약 상 OECD 국가로 국한해 평가하였다. 그리고 이중 대표적인 몇 개의 나라에 대해서 집중 분석하기로 하였다. 작지만 웅장한 출발이라고 봐야 한다.

아무쪼록 내년에는 더 좋은 보고서를 만들려고 한다. 좀 일찍 출판할 수 있도록 할 것이며, 비교하는 나라의 수도 늘리려고 한다. 이 책에 나와 있는 올해 평가를 기초로 하여, 더욱 알차고 유용한 2차년도 보고서를 만들 것을 약속한다.

정부경쟁력 연구센터 소장

임 도 빈

목 차

제 1 장

왜 정부경쟁력인가: 개념, 연구방법, 그리고 순위

1. 개념

세계화는 국가 간 경쟁을 더욱 강화시켰다. 이를 반영하듯 수없이 많은 지표가 양산되어 직·간접적으로 국가 간 비교를 하게 되었다. 이 중 우리에게 비교적 잘 알려진 것을 몇 개 예시하면 다음 <표 1>과 같다.

<표 1> 주요 경쟁력 지수 및 내용

발행기관	내용	발표 시기
국제경영개발원 (IMD) 경쟁력지수 (World Competitiveness Scoreboard, WCS)	·경제성과, 정부효율성, 경영효율성, 인프라 등 4대 부문 250여 개 세부항목을 평가 ·통계 등 경성자료와 설문자료를 각각 6:4의 비율로 활용	매년 5월

세계경제포럼 (WEF) 경쟁력지수 (Global Competitiveness Index, GCI)	·국가별 기본요인, 효율성 증진, 기업환경의 성숙도와 기술혁신 등 3대 부문 12개 세부 부문 평가 ·경성자료(약 30%)와 설문자료(약 70%) 활용	매년 9월
EU 경쟁력보고서 (European Competitiveness Report)	·미국과 EU의 1인당 GDP, 생산성 증가율 취업률 등 비교 ·거시경제여건, 수요조건, 생산투입, 혁신 등 6대 경쟁력 원천이 유럽산업에 미치는 영향 분석	매년 11월
세계은행(WB) (Doing Business)	·국가별 기업환경을 창업 등 10개 부문으로 나누어 기업 활동에 대한 규제 정도를 파악하고 종합 및 부문별 순위를 발표	매년 11월
헤리티지 재단 경제자유지수 (Index of Economic Freedom)	·기업 활동, 조세, 무역정책 등 10개 부문의 경제자유 정도를 계량화하여 평가	매년 1월
경제자유네트워크 자유지수 (Economic Freedom of the World)	·무역자유, 통화건전성, 시장규제 등 5개 부문에 대한 경제자유 정도 평가	매년 9월
아세안 경쟁력 보고서 (Asean Competitiveness Report)	·번영 요인(노동생산성 등), 매개 경제적 성과(투자, 혁신 등), 삶의 질의 세 가지 부문을 중심으로 측정	매년 6월
산업정책연구원 국가경쟁력 연구보고서	·경영여건, 생산조건, 수요조건, 관련 산업 등의 물적 부문과 기업가, 전문가, 정치가 및 관료, 근로자 등 인적부문 등을 포함하여 총 9개 부문 측정	매년 7월

출처: 알프레드 Ho·임도빈. (2012). 정부경쟁력 개념의 정립. 행정논총, 50(3)

일반인들은 이런 지표를 마치 객관적인 것처럼 믿고 있다. 그런데 이들 지표를 자세히 분석해 보면, 많은 문제점을 갖고 있음을 알 수 있다. 지표를 구성한 이론적 기반이 매우 취약한 것이 대부분이다. 이론적 기반이 전혀 없는 것도 있다.

게다가 '기업 하기 좋은 나라'와 같이 이념적으로는 자유시장주의에 입각하여 경제부문에 치우쳐 있다. 평가 항목에 있어 지나치게 '경제성장'에 초점을 맞추게 되면, 자연스럽게 정부의 영역을 과소평가 할 수밖에 없다. 즉, 현재 거론되고 있는 국가를 단위로 한 경쟁력 개념은 정부의 역할을 기업하기 좋은 환경을 조성하는 것에 국한시켜 그것을 잘 하느냐에 따라 정부의 경쟁력을 평가하는 것과 다를 바 없다. 무엇보다도 사실상 외국 기업이 와서 이익을 남기게 하는 나라가 그 나라 국민들에게 반드시 좋은 것은 아닐 수도 있다.

사용하는 자료(data)도 그리 신뢰성이 없다. 주요 경쟁력 지수로 전세계적으로 주목받는 IMD나 WEF 모두 주로 설문조사에 의존한 평가방법을 사용하고 있기 때문에 연도별로 순위 변동이 심하기도 하다. 설문조사라는 평가방식이 개인의 주관적 판단에 의할 수밖에 없기 때문에 평가자에 따라 결과의 변동이 크다. 게다가 주로 기업인들을 대상으로 설문조사가 이루어지고 있다는 것도 자료의 신뢰성에 타격을 줄 수 있다. 기업인들은 항목 자체에 대한 객관적 평가보다는 주로 기업의 이익 측면에서 평가할 수밖에 없는 한계가 있기 때문이다. 무엇보다도 각 해당국가에게 '무엇을 어떻게 해야 한다'는 처방책을 제시해 주지 않는다. 평가를 위한 평가라는 생각이 든다. 그리고 이러한 '평가를 위한 평가'는 수많은 문제점을 내포하고 있음에도 불구하고, 국내에서는 정부기관 및 기관장들의 성과를 평가하는 기준 중 하나로 활용되는 경향이 있다. 정부의 역할이 비즈니스 관점, 경제 분야 측면으로 한정하여 과소평가하고 있음에도 불구하고, 낮은 순위를 기록하면 '정부의 탓'이 되고, 이를 바탕으로 향후 정부의 역할을 논의한다는 것은 아이러니한 일이다.

사실 우리나라는 다른 나라와 경쟁해서 이겨야 생존할 수 있는 나라이다. 정확히 현 상황을 이해하고, 평가받는 것이 매우 중요하다. 그리고 실제로 어떻게 해야 경쟁력이 올라가는지를 알 수 있는 미래지향적 평가를 해야 한다. 무엇보다도 정부가 중심이 되어 어떻게 바꿔야 하는지를 제시할 수 있어야 한다. 혹자는 거버넌스 시대에 민간이 중심이 되어야 한다고 반론을 제기할지 모른다. 그러나 민간이 정부의 정책에 어떻게 참여하느냐도 정부의 운영방식에 달린 만큼 정부의 역할이 중요한 것은 변함이 없다.

이러한 관점에서 '정부경쟁력'이란 개념을 다음과 같이 도출하였다.[1)]

> *정부가 주어진 제약을 바탕으로 국내외 자원을 동원하여 사회적, 경제적, 문화적 조건들을 향상시키고 전체적으로는 그 사회의 질을 제고하여 미래의 바람직한 방향으로 이끌어내는 힘*

즉, 정부경쟁력이란 정부의 종합적인 능력을 의미한다. 그

---

1) 이하의 이론적 논의는 알프레드 Ho·임도빈(2012), '정부경쟁력의 개념정립:시간과 공간의 관점에서', 행정논총, 50(3):1-37의 내용을 일부 발췌 소개한 것이다. 자세한 이론적 논의는 본 논문을 참고할 것.

런데 정부의 기능이 무엇이냐에 대한 논의와 정부가 어떤 방식으로 일을 해야 하느냐에 대한 학자들 간 합의가 이뤄지기 어렵다. 예컨대 좌파냐 우파냐라는 이념적 지향에 따라 이에 대한 답이 달라질 수 있는 문제이다.

이 연구는 이런 이념적 논쟁거리에서 가급적 중립적이면서, 어느 나라의 시대적 상황에 따라 정부가 꼭 해야 할 일을 중심으로 평가기준을 마련하려고 노력하였다. 선진국정부와 후진국정부가 해야 하는 일과 방법이 달라질 수밖에 없다는 것이다. 미국과 베트남의 정부경쟁력을 단순히 같은 차원에서 비교하면 안된다. 사과와 메뚜기를 비교하는 것과 같다. 비교할 수 없는 것을 비교하는 문제가 있다.

이 연구는 각 나라의 독특한 상황을 고려하여 비교할 만한 것을 골라 비교하자는 것이다. 이를 그림으로 예시하면 다음과

<그림 1> 사회의 다원화와 정부경쟁력의 변화

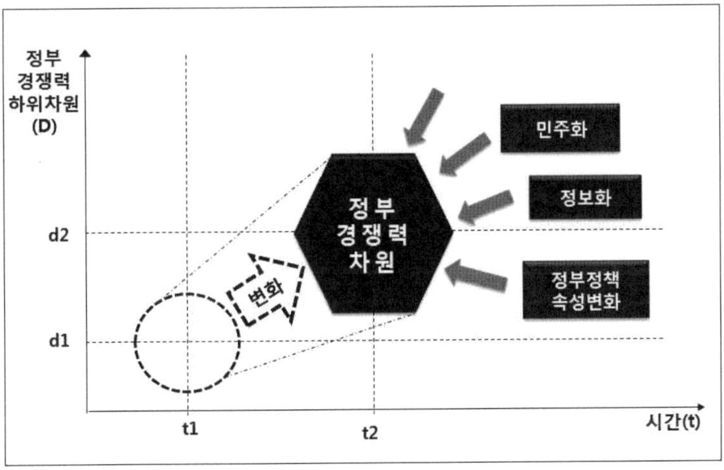

출처: 알프레드 Ho·임도빈(2012), 상게논문

같다. t1에서는 경제성장과 같은 단순한 목표가 주어진다면, t2에서는 다양한 차원이 도입되어 논의되어야 한다.

2. 연구방법

이 연구는 2011년 한국사회과학지원연구(Social Sciences Korea)의 지원으로부터 본격적으로 가동되었다. 2년간의 준비기간을 거친 것이다. 기존 주요 경쟁력 지표에 대한 비판적 분석도 치밀하게 이뤄졌다. 특히 스위스의 로잔에 위치한 국제경영원(IMD), 스웨덴의 괴텐베르크에 있는 정부의 질 센터(Quality of government), 싱가포르 리콴유스쿨 등 여러 관련 기관을 직접 방문하였다. 이들의 경쟁력 평가방법에 대하여, 최대한 많은 정보를 획득하려고 노력하였다

다른 한편으로는 우리 나름의 객관적이고 신뢰성 높은 지표체계를 구축하려고 노력을 경주하였다. 정부의 역할이 중요하다는 이론적 기반 하에, '정부경쟁력(Government Competitiveness)'이라는 개념을 정립하였다. 유사개념이 홍수같이 쏟아져 나오기 때문에, 우리 나름의 개념이 필요하였기 때문이다. 우리는 정부가 하는 일(즉, 활동)을 일상적으로 목격하고 있다. 그리고 정보는 적지만, 외국 정부가 하는 활동도 있다. 우리 정부의 능력과 외국 정부의 것을 비교하는 것이 바로 '정부경쟁력'이다. 이런 점에서 추상적인 구성체(Construct)로서 정부경쟁력이란 개념이 나오는 것이다.

그리고 이러한 추상적 개념인 정부경쟁력을 수치로 나타내기 위한 조작적 정의를 하였다. 다음으로 이 새로운 개념을

정확히 측정하기 위한 측정항목 및 지표체계를 구성하였다. 이와 동시에 유엔 등 세계 공신력 있는 기관에서 발표되는 각 나라에 대한 1차 자료(Raw data)를 거의 모두 조사하였다. 그 중에서 이 연구의 정부경쟁력에 활용할만한 자료를 선별하였다.

<그림 2> 연구절차도

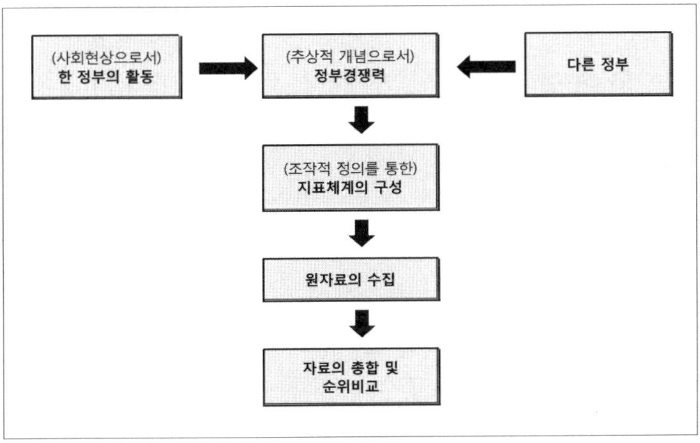

출처: 임도빈 외. (2013). 정부경쟁력: 구성지표와 평가. 「한국비교정부학회보」, 17(2): 95-124.

이런 작업의 결과, 어느 정부 역량을 각 분야를 아우르는 총 9개 정책분야를 선정하였다. 경제분야, 교육분야, 보건복지분야, 농업 식품분야, 정부운영의 전반적인 상태를 나타내는 총괄분야, 국가의 미래에 대한 투자인 연구개발분야(R&D), 새로운 사회로의 견인차 역할을 하는 정보통신기술분야(ICT), 깨끗한 환경을 유지하여 그 나라의 지속적인 발전을 가능케 하는 환경분야, 새로운 고부가 가치산업인 문화관광분야 등이다.

현 한국정부에는 대부분의 9개 분야를 담당하는 정부부처가 있다. 그러나 이 분야별 점수가 해당 부처에만 국한되는 성적표는 아니다. 해당 부처 그 정부분야를 주도하기는 하지만, 실제 관련 부처들의 역할도 중요하기 때문이다. 예컨대 ICT만 해도 미래창조과학부뿐만 아니라 여러 부처가 관련되어 있다. 지표에는 이들 기관의 노력결과가 혼합되어 있다. 즉, 기관점수가 아니라 정책분야별 점수라고 봐야 정확하다.

상술한 대로 9개 정책분야에 대한 정부경쟁력을 측정하기 위한 믿을만한 데이터들을 찾았다. 시간적 특성을 나타내는 경우를 포착하려고 한 것이나, 정부의 역할에 관련된 것을 선별하는 데 노력을 많이 쏟았다. 예컨대 WEF, IMF, UN, ITU, Economist, OECD 등 23개 기관(국제기구, NGO, 정부기관 포함)에서 발행하는 각종 보고서 및 데이터를 통해서 원자료(Raw data)를 수집하였다. 이들 기관이 내는 최종 종합점수를 그대로 사용하기보다는 원자료를 가지고 우리의 용도에 맞게 구성하는 방법을 택하였다. 그 결과, 317개의 측정지표가 본 보고서의 정부경쟁력 지수 산출에 활용되었다. 그 구체적인 예는 다음의 <표 2>와 같다.

<표 2> 평가분야별 지표 예시

분야		지표 예시
공통 분야	경제	· 1인당 GDP, 경제성장률, 실업률, 소비자물가상승률, ODA 액수 (GNI 대비), 경상수지 (GDP 대비), 재정수지 (GDP 대비), 정부부채 (GDP 대비), 외환보유액, 노동생산성 등
	교육	· 의무교육 종료 연령, 중등교육 이수 인구 비율 (25~64세), 고등교육 이수 인구 비율 (25~64세), 문해율, 초·중·교 교사 수, 학급당 평균 학생 수, 자녀교육 기대연수, 교육 분야 정부지출 비중 (GDP 대비), 정부부담 공교육비와 민간부담 공교육비의 비율 등

	보건 복지	· 보건 분야 정부지출 비중 (GDP 대비), 기대수명, 인구 천 명당 의사·간호사 수, 병원 수, 영아사망률, 평균 임금 대비 연금총액 대체율, 직업 안정성, 삶의 만족도 등
	농업 식품	· 농업 생산량 증감, 소비자 지원 (가격정책에 의한 암묵적 조세), 생산자 지원 (보조금), 농사가능면적, 관개면적, 트랙터 및 농기계 사용량 등
	정부 총괄	· 부패지수, 정부신뢰 (국가제도에 대한 신뢰), 정부효과성, 규제의 질, 정부의 서비스 제공 및 규제시간, 선거절차 및 민주주의, 정치참여, 정치문화, 투표율, 사회자본 (관용성, 친사회적 행동, 타인에 대한 신뢰 등), GDP 대비 일반정부지출 등
선택 분야	R&D	· 창업활동지수, 기술 수출액, 연간 미국·삼극 특허 건수, 연구원 1인당 SCI 논문 수, GDP 대비 정부연구개발예산, 지적 재산권 보호 정도, 인구 만 명당 연구원 수, 세계 R&D 투자 상위 1,000대 기업 수 등
	ICT	· 모바일·인터넷 가입자 수, 기업·사회문화 환경, 법적 환경, 정부의 정책과 비전, ICT 사용과 정부 효율성, 접근성, 온라인 참여 지수 등
	환경	· 1인당 에너지 소비량, 1인당 CO_2배출량, 신재생에너지비율, 종이와 상자지류 재활용률, 에너지수입률, 환경보호 분야 정부지출 비중, 환경세 수입 비중 (GDP대비, 조세수입 대비) 등
	문화 관광	· 창조산업 수출·수입액, 문화예술분야 취업자 비율, 박물관·극장 수, 문화산업 소비자 가격지수, 공공예술서비스 가격지수, 외래·국외 관광객 수, 외래·국외 관광 지출액 등

자료출처: 임도빈 외(2013)

이들 자료를 빠짐없이 수집하고, 이를 비교하기 위한 단위를 확인하였다. 비교하기 위해 표준화 공식도 사용하였다. 다른 외국의 경쟁력 관련 지표는 이런 부분에서 매우 취약하다는 점도 주목할 필요가 있다.

이런 작업은 본 정부경쟁력 연구사업단의 연구진이 함께 참여하였다. 매주 1회씩 모여 세미나를 하면서, 토론 및 검토 과정을 통해 지표의 타당성을 높이기 위한 작업을 수행하였다. 본 경쟁력 연구사업단에서는 그동안 국제 및 국내 학술대회에서 연구결과를 발표하였고, 권위 있는 학술지에 엄격한 심사를 거쳐 게재하였다. 참여연구진은 다음과 같다.

<공동연구원>
Alfred Ho, 미국 캔사스 대학 교수
고길곤, 서울대 행정대학원 교수
김순은, 서울대 행정대학원 교수
Gregory Porumbescu, 미국 Florida International University 교수
박정호, 서울대 정부경쟁력연구센터, 전임연구원(행정학 박사)
이현국, 서울대 정부경쟁력연구센터, 전임연구원(행정학 박사)
조원혁, 서울대 행정연구소 박사후특별연구원(행정학 박사)

<박사과정 연구보조원>
김지은, 서울대 행정대학원 박사과정 수료
차세영, 서울대 행정대학원 박사과정 수료
이민아, 서울대 행정대학원 박사과정
정지수, 서울대 행정대학원 박사과정

<석사과정 연구보조원>
김윤호, 서울대 행정대학원 석사과정
김주희, 서울대 행정대학원 석사과정
김춘영, 서울대 행정대학원 석사과정
한병훈, 서울대 행정대학원 석사과정

3. 정부경쟁력 종합순위와 집중분석국가

여러 연구원들이 힘을 합하여, 상술한 바와 같은 연구방법으로 제1차년도 정부경쟁력을 평가할 수 있었다. 매우 노동집약적인 작업이었다. 연구원들이 밤을 새우는 일이 비일비재하였다.

그러나 올해의 연구는 자료의 획득이 가능한 OECD 국가로 한정할 수밖에 없었다. 하지만 이렇게 국가를 제한한 것은 상술한 본 연구의 평가모델의 이론적 근거에도 부합된다. 우리가 김영삼 정부 때 OECD에 가입하려고 각종 조건을 만족하게 했던 것에서 볼 수 있는 바와 같이, OECD 국가는 여러 가지 공통점을 가지고 있기 때문이다. 또한 발전단계에서 상이한 상황에 있는 선진국과 후진국을 함께 비교하는 것은 여러 가지 문제가 있을 수 있기 때문에 국가를 나누어 살펴보는 것이 본 연구의 의의를 더욱 높여줄 수 있다.

본 연구의 대상인 9개 정책분야를 모두 합한 종합순위를 보낸 다음 표와 같다. 아직 세계정치의 주도권을 쥐고 있는 미국정부의 경쟁력이 1위로 나타났다. 1점이 만점이다. 이것은 연방정부와 주 정부, 지방정부의 역할을 총괄한 것이다. 미국과 같이 큰 나라의 경우, 미국의 정부수준별로 좀 더 세부적인 경쟁력 평가가 있어야 세부적인 논의가 가능할 것이다. 그러나 관련 데이터를 충분히 확보할 수 없는 현 상황에서는 어쩔 수 없이 총괄적 논의에 머무를 수밖에 없다. 대체적으로 북미, 북유럽권 국가들이 상위권에, 남미, 동유럽권 국가들이 하위권을 차지하였다. 대한민국을 비롯하여 중부 유럽 지역의 강소국들이 중위권에 위치하고 있다(<표 3>).

<표 3> 정부경쟁력 종합순위

순위	국가	정부경쟁력 지수	순위	국가	정부경쟁력 지수
1	미국	0.601	18	벨기에	0.419
2	스웨덴	0.539	19	룩셈부르크	0.415
3	노르웨이	0.527	20	이스라엘	0.411
4	네덜란드	0.523	21	아일랜드	0.400
5	덴마크	0.521	22	에스토니아	0.381
6	독일	0.514	23	스페인	0.373
7	핀란드	0.507	24	포르투갈	0.328
8	스위스	0.501	25	이탈리아	0.322
9	일본	0.479	26	체코	0.317
10	영국	0.478	27	칠레	0.313
11	캐나다	0.470	28	슬로베니아	0.309
12	호주	0.463	29	헝가리	0.300
13	프랑스	0.446	30	폴란드	0.281
14	뉴질랜드	0.445	31	그리스	0.265
15	오스트리아	0.440	32	슬로바키아	0.250
16	대한민국	0.433	33	터키	0.238
17	아이슬란드	0.422	34	멕시코	0.215

우리나라는 종합점수 0.43으로 평가대상 국가 중 16위를 기록하고 있다. 사실 우리나라는 1960년대 이후 정부주도로 경제성장을 이룬 나라이고, 아직도 정부가 정치, 경제, 사회, 문화 등 모든 분야에서 주도적인 역할을 하고 있다. 따라서 정부의 역할과 그 성과라는 측면에서 전 세계 어느 나라와 비교하여 뒤지지 않는다고 생각된다. 그러나 적어도 본 연구에서 제시한

모델에 의해 객관적인 데이터를 중심으로 보면 우리나라의 정부경쟁력 순위는 16위라는 점이다. 향후 비교하는 국가의 수가 증가하고, 데이터를 더 확보하면 순위는 바뀔 수 있을 것이다.

16위라는 종합점수순위는 잠정적인 것으로 너무 큰 의미를 둘 필요는 없다. 그보다는 후술하는 바와 같이 세부 정책분야별 점수를 더 눈여겨봐야 한다. 즉, 본 연구의 궁극적이 목적에 따라 앞으로 우리나라 정부가 무엇을 고쳐야 하는가에 대한 시사점을 얻는 것이 더 중요하다. 16위라는 숫자 자체에 지나친 의미를 두어, 실망하거나 본 연구의 객관성에 의문을 제기할 필요는 없다고 본다.

가장 이상적인 정부는 본 연구가 채택한 9개 정책분야에서 모두 만점을 받아 종합점수 1점이 되는 나라이다. 이 9개 분야를 방사선으로 축을 그린 후, 그 나라의 분야별 점수를 그리면 완전한 정 9각형이 그려져야 한다. 우리나라가 지향해야 할 목표이다. 그러나 현실적으로 이런 정부는 존재하기 힘들 것이다. 경쟁력이란 다른 나라와의 상대적 우월을 의미하기 때문에 더욱 그렇다.

정부 경쟁력을 시범적으로 평가하는 첫 번째 해인 올해의 결과를 보면, 몇 개의 나라가 경쟁력도표에서 특이한 형태를 보인다. 특히 미국, 노르웨이, 독일, 호주, 일본, 이스라엘, 체코, 멕시코가 그렇다. 우리나라가 모델로 삼아야 할 측면도 있고, 타산지석으로 삼아야 할 나라도 있다. 따라서 한국과 더불어 이들 나라에 대해 좀 더 심층적 논의를 하려고 한다.

제 2 장

한국정부의 경쟁력

아시아 지역의 동쪽 한반도에 위치한 대한민국은 반세기 동안 가장 다이나믹하게 변화한 국가 중 하나이다. 20세기 초 식민지 지배와 한국전쟁을 겪으면서 해외원조가 없으면 의식주를 해결하지 못하던 나라였다. 하지만 지금은 국제사회에 원조를 보내고 성장 모델을 수출하는 등 이른바 '한강의 기적'을 이룬 국가로 평가받고 있다. 실로 놀라운 일이 아닐 수 없다. 객관적 수치로 살펴본다면, 한반도에 위치한 작은 국가인 대한민국은 세계 109위(CIA 기준) 정도 규모의 영토를 가지고 있지만, 세계 25위(CIA 기준)의 인구와 15위(IMF 2012 기준)의 GDP 규모를 가진 국가로 성장하였다.

<그림 3> 대한민국의 지정학적 위치

출처: 포털사이트 DAUM

하지만 선진국의 문턱에 빠른 시간 안에 올라선 기적의 나라 대한민국은 빠른 성장의 이면에 놓인 문제들을 해결해야만 하는 위치에 서 있다. 영국인 다니엘 튜더는 최근 발간한 저서 「기적을 이룬 나라, 기쁨을 잃은 나라 (원제: Korea, The Impossible Country)」에서 대한민국을 이야기하고 있다. 영문 책제목에서도 알 수 있듯이, 대한민국은 '불가능의 국가'라고 표현할 수 있을 정도로 믿기 힘든 성장을 이룩한 국가이다. 또한, 그의 저서 내용을 떠나서 한국어판 제목이야말로 현재 대한민국의 앞에 놓인 명과 암을 보여주고 있다. 그리고 이번에 정부경쟁력센터에서 조사한 분야별 정부경쟁력 지수도 이러한 명과 암을 순위로 보여주고 있다.

<표 4> 대한민국의 정부경쟁력 순위

	종합	경제	교육	보건 복지	농업 식품	R&D	ICT	환경	문화 관광	총괄
한국	16위	9위	20위	27위	28위	16위	10위	25위	3위	21위

대한민국의 정부경쟁력은 경제, 문화관광, ICT 분야 등에 비해 상대적으로 교육, 보건복지, 농업식품, 환경 분야 등에서 저조한 순위를 기록하였다. 후술하겠지만 대체로 '경제적 성장'에 초점을 맞추고 정부가 중점 지원한 분야에 비해 '비경제적 성장'이라 칭할 수 있는 분야에서 순위가 낮은 것을 알 수 있다. 열악한 환경 속에서 단기간에 경제성장을 이루어낸 만큼 그에 따라 상대적으로 정부의 '선택과 집중'을 받지 못한 분야의 발전이 아직 더딘 것이라 총평할 수 있을 것이다.

<그림 4> 대한민국의 분야별 정부경쟁력 순위

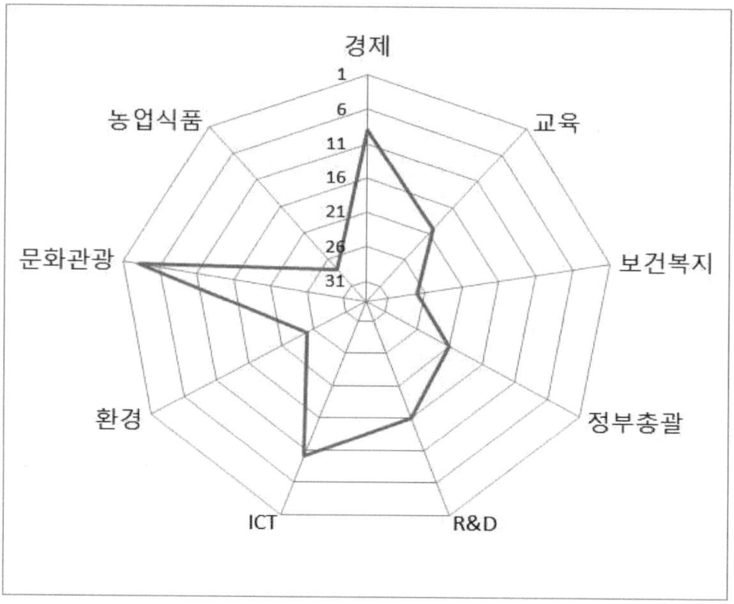

그렇다면 과연 손에 아무것도 가지고 있지 못하던 국가에서 선진국의 문턱까지 올라서는 기적을 보여준 대한민국 정부

가 높은 경쟁력을 가진 분야는 무엇일까? 그리고 앞으로 선진국의 문턱에서 선진국의 완전한 진입이라는 기적을 이끌어 낼 대한민국의 정부가 경쟁력을 더 끌어올릴 수 있는 분야는 무엇일까? 아래에서는 이러한 질문에 대한 답을 정부경쟁력 지수의 결과에 따라 개괄적으로 논의해 보고자 한다.

1. 문화관광, ICT의 경쟁력, 대한민국의 현재를 이끌다!

대한민국의 정부경쟁력 순위를 이끌어 간 원동력은 문화관광 부문(3위)과 ICT(10위) 부문이라고 할 수 있다. 두 분야 모두 앞으로 각광받는 일명 '창조산업'의 영역에 포함된다는 점에서 향후 대한민국의 정부경쟁력에 일견 희망적인 전망을 가질 수 있게 도와주었다.

대한민국의 문화관광 부문 정부경쟁력 3위, 대부분의 사람이 놀랄 정도의 높은 순위를 기록한 것은 사실이다. 하지만 3위라는 높은 성적과 학자들이 이야기하는 방법론 이야기, 예를 들어 측정지표의 편의성·편향성이라든지 구성 타당성 등과 같은 어려운 이야기를 제외하고 OECD 국가 내에서 상위권에 포진하였다는 사실에만 포커스를 두고 이야기를 할 필요가 있다. 분명한 것은 최근 대한민국이라는 국가의 각종 문화관광 콘텐츠가 전 세계적으로 이슈가 되고 있다는 점이다. 결과적으로 경제력 순위만큼 문화관광 부문에서도 10위권 안에서 선진국과 경쟁할 수 있는 지점에 이르렀다고 평가할 수 있다.

'사람'의 아이디어와 같은 창작과정이 핵심 경쟁력이 되는 문화관광 부문에서의 본질은 바로 '콘텐츠'가 된다. 최근의 데이터를 통해 살펴본 순위인 만큼 최근 몇 년간 한국이 만들어낸 콘텐츠의 질이 전 세계적으로 상당한 수준의 경쟁력을 가졌기 때문에 나온 결과라고 볼 수 있을 것이다. 또한 이러한 결과는 문화관광 경쟁력 부문에서 상위권 문턱으로의 진입 이후, 문화강국으로의 확고한 입지를 다질 정책적 타이밍에 도래했다고도 해석할 수 있을 것이다.

ICT 부문의 정부경쟁력은 또 어떠한가. 대한민국은 10위권에 위치하여, IT 강국으로서의 면모를 보이고 있다. 우리나라의 종합경쟁력 순위가 16위를 차지하고 있다는 점에서 단순 숫자상의 비교로도 ICT 경쟁력이 우리나라 경쟁력을 이끌어가고 있다고 할 수 있다. 이는 정부의 지속적인 ICT 육성정책과 민간의 활발한 관심과 노력으로 인해 나타난 결과로 볼 수 있을 것이다.

하지만 이번 정부경쟁력지수 결과는 대한민국이 UN 전자정부 지표, 인터넷망의 보급상황 등에서 세계 1위로 나타난 결과에 비해서는 낮은 순위에 해당한다. 구체적으로 연구에 사용된 지표 중 대한민국의 순위, 혹은 점수가 낮게 측정된 분야는 기술/산업분야 관련 지표이다. 즉, ICT 관련 산업 분야의 경쟁력은 다른 국가에 비해서 상대적으로 경쟁력이 낮다는 것이다. ICT 분야가 창조적 선도를 필요로 하는 분야라는 점을 감안한다면, 단순한 정부지원만으로는 경쟁력 확보가 쉽지는 않을 것이다. 따라서 민간 부분과의 협력을 바탕으로 장기적 관점의 정책 추진이 필요할 것으로 보인다.

2. 한류, 한국 대중문화 콘텐츠의 파급력

2013년 전 세계를 강타한 싸이의 인기는 국내외 언론에서 너무 많이 다뤄서 식상할 정도이다. 방송국의 해외 공연에 대한 부정적 의견이 존재함에도 불구하고, 국내 방송국에서는 해외에서 인기 있는 아이돌 가수들을 데리고 프랑스, 미국 등으로 콘서트 투어를 떠나고 있을 정도이다. 나아가 국내의 대형 기획사는 아예 기획사 소속의 가수들만을 가지고 프랑스 파리에서 성공적인 콘서트를 개최하기도 하였다. 이러한 국내 문화산업 콘텐츠의 힘은 비단 최근 1~2년 사이에 일어난 일인 것만은 아니다.

우리나라의 문화산업 수출액은 2006년부터 지속해서 증가하고 있다. 정부의 문화관광 포털에서 제공하는 데이터에 따르면 우리나라의 문화산업 수출액은 2006년 약 1조 3천억 원(1,373,158 백만 원) 규모에서 2008년 1조 8천억 원(1,884,416 백만 원), 2009년 2조 6천억 원(2,604,232 백만 원), 2011년에는 4조 3천억 원(4,302,012 백만 원) 규모로 꾸준히 증가하고 있다. 또한, 한국의 문화콘텐츠 무역특화지수[2] 추이를 살펴보면(그림), 2004년부터 문화콘텐츠 교역에서 지속적인 흑자를 기록하고 있는 것을 알 수 있다.

2) 무역특화지수(Trade Specification Index: TSI)란, 순수출 개념을 통해 해당 상품의 교역에서의 국가 간 경쟁력을 보여주는 지수이다. 무역특화지수의 값이 0~1을 기록하게 되면 흑자 교역이 이루어지고 있으며, 나아가 국제사회에서 경쟁력을 가지고 있다고 평가할 수 있다.

<그림 5> 문화콘텐츠 7개 산업의 무역특화지수(TSI) 추이

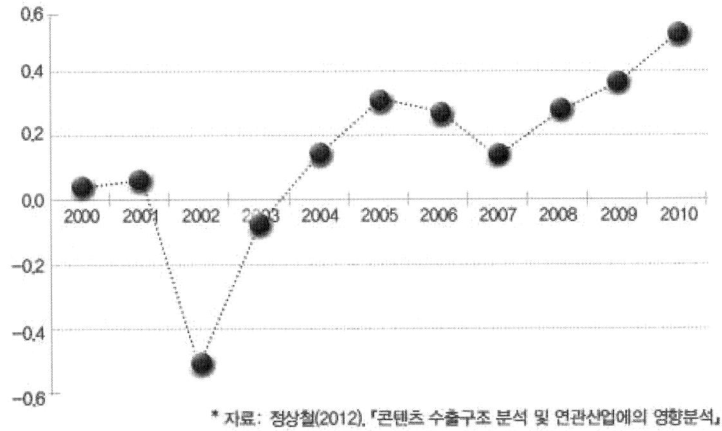

출처: 문화체육관광부(2013: 108) 재인용

대중음악 콘텐츠는 10여 년 전부터 일본, 중국을 비롯하여 아시아 시장을 두드리고 있었다. 2000년대 초반 일본에서 성공을 거둔 보아를 비롯하여 동방신기 등 대중음악 가수들 역시 대표적 문화콘텐츠로 거듭났다. 그리고 유튜브(YouTube) 등 인터넷의 발달과 함께 가수 싸이가 한국 대중음악 콘텐츠의 정점을 보여주었다고 해도 과언이 아니다. 한국 가수가 만들어낸 콘텐츠도 전 세계적으로 충분히 영향력을 발휘할 수 있는 콘텐츠가 될 수 있다는 점이 가수 싸이가 보여준 가장 중요한 파워가 될 것이다.

<그림 6> 최근 한류 붐을 일으키고 있는 대표적인 대중가수인 싸이(위)와 소녀시대(아래)

출처: 연합뉴스

영화 콘텐츠는 국내 유명 감독(임권택, 박찬욱, 김기덕 등)의 해외 유명 영화제 수상과 함께 인지도를 높여가고 있다. 나아가 예술성을 떠나 대중성 측면에서도 높은 성과를 거두며, 감독과 주연배우가 모두 스타로 발돋움 한 '엽기적인 그녀'와 같은 사례도 있다. 이 영화는 일본 등 아시아권을 지나 미국 할리우드에서도 리메이크를 하였다. 최근 한국의 영화산업 규모 역시 13억 달러 규모로 세계 7위권 규모에 이른다. 이는 미국영화협회(MPAA)가 최근 발표한 '2012년 영화시장 통계보고서'에 따른 것이다.

그동안 대표적인 한류 콘텐츠였던 드라마는 어떤가. 2003년 일본에서 '겨울연가'의 인기는 한국에 대한 이미지를 호의적으로 바꾸었다. '대장금'은 기존 동아시아권의 관심을 넘어서서 중동까지 진출하여 여전히 높은 인기를 누리고 있다. 게다가 '대장금'이라는 드라마의 성공은 한국음식문화에 대한 관심으로까지 이어졌다. 잘 만든 콘텐츠 하나가 어마어마한 산업적 부가가치뿐만 아니라, 한국의 문화 자체에 대한 관심을 끌어내고 있는 것이다. 그리고 드라마에서 시작한 한국 배우들의 산업 측면의 파급력과 개개인의 인지도는 여전히 한국 드라마가 해외에 판매되는 1순위 요건 중 하나이다.

상술한 여러 문화산업 분야 중에서도 무엇보다 가장 주목해야 할 효자종목은 바로 게임 산업이다. 우리나라의 게임 산업은 전체 콘텐츠 산업 수출액의 58%에 이르는 가장 높은 수출규모를 자랑한다.[3)]아래의 표에서 알 수 있듯이 우리나라의 게임 산업의 수출 현황은 2005년 이후 지속적으로 성장해 왔다.

3) 문화체육관광부. (2013). 「한류백서: 세계인과 공감하는 K-컬처를 말하다」

<그림 7> 게임산업 연도별 수출 현황(2005~2011년)

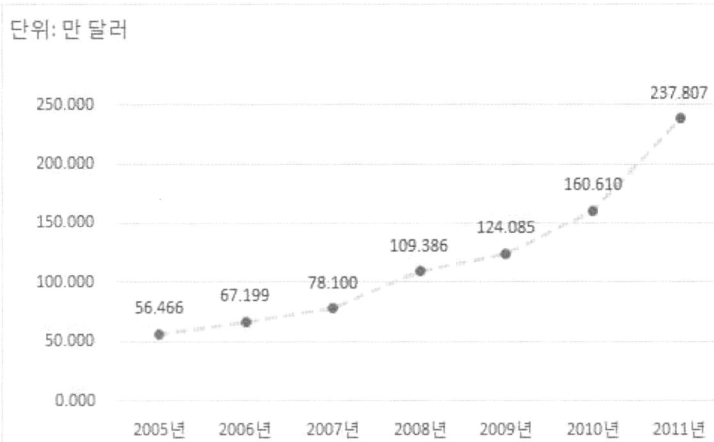

출처: 문화체육관광부(2013: 70)

<그림 8> 2005년 대한민국 문화콘텐츠수출대상을 수상한 게임 '리니지 Ⅱ'

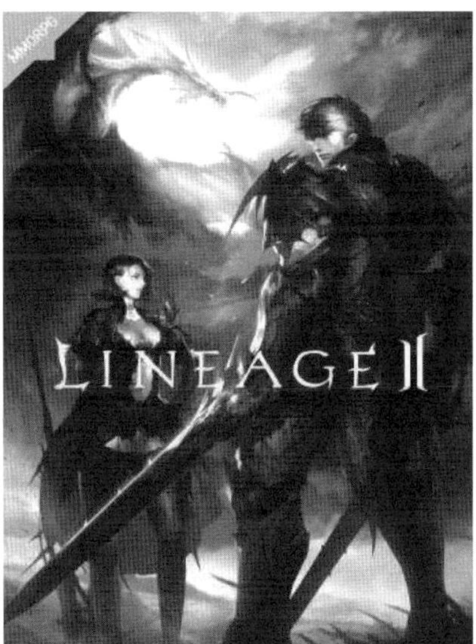

출처: 엔씨소프트 홈페이지

문화의 산업적 부가가치는 90년대 중반부터 본격적으로 인식되기 시작했다. 할리우드 영화 '쥐라기 공원'의 어마어마한 전 세계적 흥행은 제조업 중심의 산업효과에 대한 관심의 일부를 문화 산업으로 돌리기에 충분했다. '현대자동차에서 판매하는 소나타 OOO만 대에 이른다.' 등으로 표현되는 문화의 산업효과는 정부에서 정책적으로 고려할만한 주요 동인이 되었다. 심지어 문화 부문의 성장은 그 어떤 것보다 국가, 기업의 브랜드 이미지를 제고시키는 주요 요인이었고, '전쟁, 북한, 분단국가'로 상징되는 대한민국의 전반적 이미지를 쇄신시키는 결정적 계기로 작용할 수 있었다. 아래와 같이 한국이 실제 맺고 있는 수교국에 비해 한류 전파국 수가 훨씬 많다는 것도 이러한 문화관광 부문의 경쟁력이 국가 자체에 줄 수 있는 최고의 메리트가 될 것이다.

<그림 9> 한국의 수교국 및 한류 전파국 수 비교

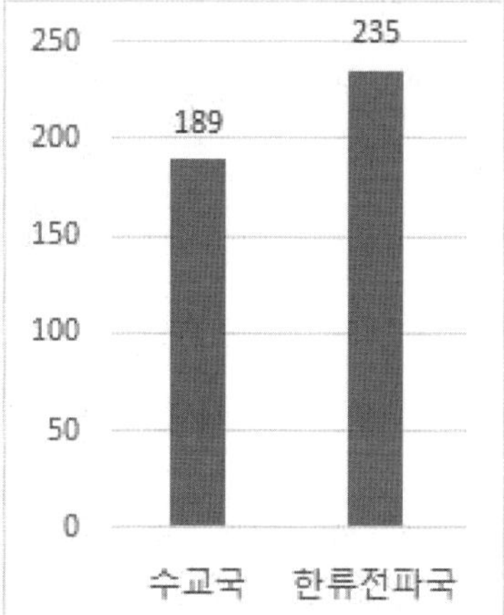

출처: 매일경제 한류본색 프로젝트팀(2012), 「한류본색」 부록 3쪽

3. 한국의 관광 경쟁력, 이대로 계속 상승할 수 있을까?

<그림 10> 서울시티투어버스 홈페이지

출처: 서울시티투어버스 홈페이지 메인화면 캡처

문화부문의 성장은 관광부문도 함께 이끌어나가는 것으로 보인다. 한국으로 관광을 오는 대표적 국가인 일본과 중국이다. 특히 2009년 기준 일본은 한국을 방문한 전체 외국인 관광객 780만 명 중 305만 명(약 40%)을 차지하고 있다. 2000년대 초반 한국드라마를 시작으로 한국 문화에 대한 관심이 높아지면서 드라마 속 촬영장, 드라마 속 주인공들의 동선 등을 따라가 보는 형태의 관광 유형에서 시작되어 현재 일본 관광객의 관광 패턴은 한국의 문화 자체를 경험하고 배우는 양상으로 변화해 가고 있다고 평가받고 있다.[4] 구체적으로 종묘대제를 관람하고자 하는 일본인 관광객들의 관심이 2007년부터 꾸준히 이어

4) 정민정·김현성, "럭셔리 좇는 중국, 문화 찾는 일본 '커지는 소비' '깊어지는 한류'" 서울경제 (2010.05.12.)

지고 있으며, '조선왕릉'을 테마로 한 관광 상품 등 역사, 문화에 기반을 둔 프로그램이 각광받는 추세이다.

<그림 11> 관광객들로 붐비는 서울 종로구 경복궁

출처: 연합뉴스

2012년 기준 한국을 방문한 해외 관광객은 1,113만 명으로 집계되었다. 전 세계적으로는 23위, 아시아 국가 중에서는 6위에 해당한다. 관광 수입은 142억 달러로, 우리나라의 총 수출액의 2.6%를 차지하고 있다. 순위의 아쉬움에도 불구하고, 아래의 그래프에서도 알 수 있듯이 한국을 방문하는 외국인 관광객 수는 2008년부터 매해 약 100만 명 규모의 큰 폭으로 상승하고 있음을 알 수 있다. 또한, 최근 5년 동안 외국인 관광객 수는 70%가 넘는 증가율을 보이고 있다.[5] 장기적으로 한국의 관광 부문 성장세가 기대되는 부분이기도 하다.

---

5) 김 석 "외국인 관광객 수 5년 새 72.77% 늘어" 문화일보 (2013.10.04.)

<그림 12> 한국 방문 관광객 수 추이

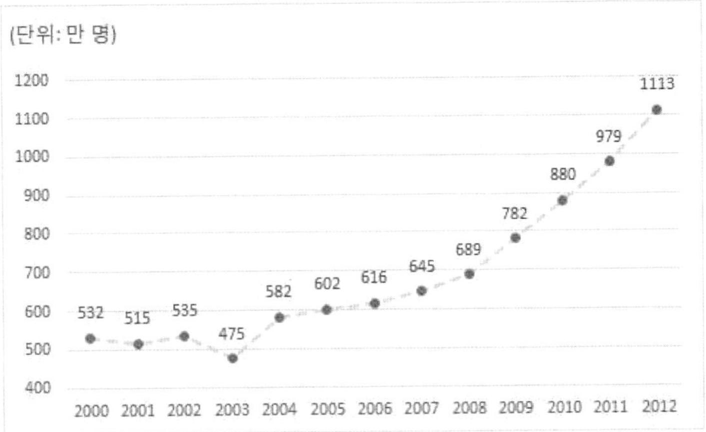

출처: 문화체육관광부(2013: 120)[6)]

하지만 장기적인 성장세를 유지하기 위해서는 현재까지 우리나라의 관광 경쟁력의 한계로 지적되고 있는 인프라와 다양한 콘텐츠의 부족을 극복할 필요성이 있다. 최근에는 문화 부문의 비약적인 성장과 이미지 제고로 인해 인근 국가인 일본과 중국, 나아가 한류가 퍼져 있는 국가와 사람들을 대상으로 방문 관광객 수가 꾸준히 늘고 있지만, 상술한 한계점이 극복되지 않는다면, 그대로 정체할 가능성도 적지 않다. 정부가 이런 방향으로 정책적 지원을 해야 한다.

4. 한국, 한발 앞선 민간과 잘 따라가는 정부의 환상적 타이밍

대체로 한국 정부가 문화관광 정책에 정부 차원의 관심을 쏟게 되는 시점은 1988년 서울 올림픽, 나아가 세계화를 화두

6) 문화체육관광부. (2013). 「한류백서: 세계인과 공감하는 K-컬처를 말하다」

로 걸었던 문민의 정부를 그 시발점으로 볼 수 있다. 문화의 세계화, 문화와 관광의 융합 등이 문민정부 때 제안되었으며, 나아가 1994년에는 문화산업국을 신설하여 부가가치가 높은 문화산업을 지원하고자 하였다.

이어서 등장한 국민의 정부는 1998년 출범할 당시 '창의적 문화복지국가'를 내세웠다. 또한, 이때 문화를 국가발전의 주요 원동력으로 삼았다고 볼 수 있다.[7] 국민의 정부에서 문화관광 분야에 정책적으로 가장 큰 기여를 한 대표적인 사례는 문화관광부의 예산을 끌어올린 것이라 할 수 있다. 그 결과, 2000년 문화관광부(현 문화체육관광부)의 예산 비중은 국가 전체 예산의 1% 수준으로 올렸다. 문화관광 부문에서 정부가 할 수 있는 대표적 방안 중 하나가 예산확보와 지원임을 감안한다면, 매우 중요한 기점이라고 할 수 있다. 문화산업국의 확대, 한국문화콘텐츠진흥원 등의 설립도 이때 이루어졌다.

참여정부에서도 국민의 정부에서 강조하는 '창의한국'의 모토를 그대로 이어갔다. 세부적인 정책 변화가 있을지는 모르지만, 정부 정책이 큰 틀을 유지해 갔다는 것은 안정성 측면에서 매우 높은 가치를 부여할 수 있다. 나아가 아시아문화산업교류재단(현 한국문화산업교류재단)을 통한 교류 활성화 추진, 범정부 차원의 한류지원정책협의회의 구성 등을 통해 문화산업·문화교류 차원의 정책이 주요 의제로 다루어졌다.

이후에는 문화를 통한 국가 홍보, 개도국에 대한 지원 등을

---

7) 문화체육관광부. (2013: 167). 「한류백서: 세계인과 공감하는 K-컬처를 말하다」

비롯하여 문화콘텐츠의 해외 수출에 대해 국가 차원의 지원이 이루어졌다. 일본이 정부-민간의 적절한 조합 속에 한류로 대변되는 문화콘텐츠 산업 성장을 이룬 한국을 보고, 정부 차원에서 적극적인 지원 정책을 추진하고 있다(예: 일본의 쿨 재팬 전략).

결과적으로 한국의 문화관광 부문 경쟁력은 기본적으로 민간의 역량에 기인한 바가 크다. 하지만 해외 수출입, 각종 인프라 등은 정부의 지원을 무시하고 논의할 수 없다. 이 부분은 문화 선진국이라고 불리는 독일, 미국, 프랑스, 영국 등도 마찬가지이다. 정부에서 시의적절한 시기에 정책적 필요성을 인식했고, 그보다 한발 앞서 민간의 역량이 꽃을 피워 나갔다는 것이 한국 문화관광 경쟁력이 일취월장한 요인이라고 평가할 수 있을 것이다.

어떻게 보면 민간이 선도적으로 가능성 있는 콘텐츠를 발굴해 나갔기 때문에 정부가 경쟁력 있는 콘텐츠를 지원할 수 있도록 민간 부문이 길을 열어줬다고 볼 수 있다. 또한, 상대적으로 지원이 미미하여 강도 높은 지원이 필요한 부문을 민간이 직접 수면 위로 드러나게 함으로써 정부가 미처 보지 못하는 가려운 곳을 긁어줄 수 있도록 뒷받침해 줬다고도 볼 수 있다. 요컨대, 한발 앞선 민간을 현재까지 정부가 '제법' 잘 따라가고 있다고 평가할 수 있다. 하지만 지금으로서는 향후에도 정부가 민간의 역량을 '잘 따라갈 것'이라고 확신하기 어렵다는 것이 문화관광 부문 정부경쟁력의 한계라고 지적할 수 있다. 오히려 현재의 산업적 성공에 눈이 멀어 정부가 만들어 놓은 시스템이

자 제도를 지나치게 강조하고, 그 안에 문화관광 부문을 엮어 두려고 한다면 이러한 한계는 향후 문화관광 부문 정부경쟁력의 저하로 나타날 것이다.

한편, 향후 정부에서 주력해야 할 부분은 문화 전반으로의 파급력을 키우는 것과 '제대로 된' 교류를 할 수 있는 토대를 만들어 내는 것이다. 현재로서는 일반 문화업계에서 할 수 있는 일은 다 했다고 해도 과언이 아니다. 하지만 문화 전반은 산업으로 전환하는 부분에 한계가 있으며, 심지어 '교류'는 국가와 국가 간 관계에 기반하고 있으므로 정부에서 나서지 않으면 본질적으로 발전할 수가 없다. 최근 이슈가 되고 있는 '혐(嫌)한류'나 '반(反)한류'가 상호호혜가 뒷받침되지 못한 일방적 문화교류의 결과임은 충분히 지적되었다. 정부에서는 이를 주의 깊게 바라보아야 할 시점이다.

특히 향후 정부경쟁력센터에서 고려하고자 하는 미래적 관점의 경쟁력 요인(예: 신진 예술가 양성) 등이 고려된다면, 한국의 순위전망은 더욱 부정적일 수 있다. 문화관광 부문이 '민간영역', 나아가 '사람' 자체가 경쟁력의 핵심인 것은 자명한 사실이지만, 독일·미국 등 동 부문 선진국에 비해 이를 보완할 수 있는 제도·시스템적 여건이 매우 미흡하기 때문이다.[8] 즉 여러 분야에 걸쳐 자연스럽게 차세대 문화예술인이 나타날 수 있도록 하는 여건, 문화예술인들이 다양한 루트를 통해 문화예술 활동에 전념할 수 있도록 하는 프로젝트 여건 등이 마련되어야 할 것이다. 현재 나타나는 산업적 측면의 숫자 자체가 각국 정

8) 정민정. "문화대국 가로막는 한류의 그늘" 서울경제. (2013.10.17.) 참조

부의 문화관광 부문 경쟁력을 다 보여주는 것은 아니라는 점을 명심해야 할 것이다.

5. ICT, 준비는 끝났다!

대한민국은 그동안 정부 주도적인 정보화 사업을 추진해 왔으며, 실제 많은 성과를 거둔 것으로 평가받고 있다. 한 줄로 요약한다면, 한국의 정보화 과정 자체는 정부가 주도하여 개념을 설정하고 관련 정책 - 정보화촉진기본계획, 정보통신부 및 정보화추진위원회, 정보화촉진기금 설치 등 - 을 집중적으로 발굴·육성한 것에 따른다. 제한된 자원으로 선도적인 사업을 추진해야 했기에 정부의 기본적인 정책목표는 IT를 통한 효율성 제고가 중심이었다.

정보화 도입기로 볼 수 있는 문민정부(1993~1997)인 김영삼 대통령 시기로 볼 수 있다. 이 시기에 정부는 기존 업무의 자동화와 효율화를 도모하였다. 주민, 토지, 금융정보의 데이터베이스화가 이때 시작되었다. 김대중 정부(1998~2002) 시기는 정보화 성장기로 평가할 수 있다. 정부는 IT 산업에 대한 집중적인 지원과 투자로 IMF 경제위기를 극복하고자 하였다. 2000년대 초반이었던 이때 한국의 벤처기업 붐이 일어났다. 또한, 노무현 정부(2003~277) 시기는 정보화 성숙기로 볼 수 있다. 이미 세계 최고 수준의 인프라가 구축되었고 이를 바탕으로 한국의 ICT 성장 모델, 특히 정부를 비롯한 정보화, 전자정부 등은 해외에서도 중요하게 다루어지고 있다.

<표 5> 대한민국의 정보화 추진경과에 따른 주요 특성의 변화

	도입기 (김영삼 정부)	성장기 (김대중 정부)	성숙기 (노무현 정부)
초점	효율성	→	가치창출
주도세력	공공부문	→	민간부문
비중	기반구축	→	서비스 및 활용

이처럼 1990년대 초반부터 추진된 한국의 ICT 전략은 정보화, IT 산업, 대규모 연구개발 사업이라는 이 세 가지 요소 간 선순환 체계가 효과적으로 구축된 것으로 볼 수 있다. 정부에서 미래 성장 산업으로 점찍은 만큼 집중적인 정보화 투자, 이른바 자본이 잘 흘러들어 간 것이 주요 성공 요인 중 하나이다.

결과적으로 현재 우리나라의 ICT 인프라는 상당 부분 구축된 것으로 본다. 즉, 성공의 샴페인을 터트리기 직전으로 '준비는 끝났다!'는 것이다. 예를 들어 OECD에서 2013년에 발표한 과학기술산업 스코어보드 결과에 따르면, 우리나라는 ICT 인프라 구축(인터넷접속 속도, 브로드밴드 다운로드 속도) 항목에서 모두 2위를 기록하였다. 인구 100명당 무선 브로드밴드 가입률 역시 4위를 기록하는 등 ICT 관련 인프라 구축은 세계 최상위 수준에 이른 것으로 보인다. 그렇다면 이제 더 높은 대한민국 ICT 분야가 더 높은 경쟁력을 갖기 위해서 바라보아야 할 지향점은 무엇인가?

6. 생활 속 ICT로의 진전, 한 걸음 더 나아가다!

그동안 정보화 과정을 통해 다양한 성과가 창출되었음에도 불구하고, 최근 대한민국의 정보화 현실에 대한 비판적인 시각도 일부 존재해 왔다. 우선 전반적인 정보문화 수준이 떨어진다는 비판이 있다. 심심치 않게 언론에 등장하는 개인정보 유출 사건은 이제 너무 자주 발생해서 '정보 안전 불감증'에 걸린 것이 아닌가 싶을 정도다. 해킹·바이러스 유포와 같은 일명 '사이버 테러'는 경찰청에 조사된 것만 해도 최근 3년간 총 4만여 건에 이른다.[9]

정화되지 않은 인터넷 댓글 환경(악성 댓글)은 인터넷 댓글 실명제 도입 논란을 초래하는 등 사회적으로도 과다한 비용이 발생하고 있는 것은 아닌지 우려의 목소리가 크다. 이를 보완하기 위한 사회문화의 조성과 제도적 기반을 마련하는 것은 시일이 걸리는 문제이고, 사회적으로도 충분한 논의 과정을 거쳐야 하는 민감한 문제이다. 헌법상 기본권인 개인의 자유와도 연결되는 부분이기 때문이다. 향후 정부에서 장기적 시계를 가지고 마련해 나가야 할 부분이다.

다음으로 소프트웨어 및 원천기술 부문에서 실질적인 경쟁력이 떨어지기 때문에 향후 정부의 정책 방향에서 이를 고려해야 한다. 이는 후술할 R&D 분야와도 연결되는 부분이기도 하다. 소프트웨어의 부문은 지적재산권을 인정하지 않으려는 문화가 심각한 문제를 초래하고 있다. 하도급 식으로 산업의

9) 김기훈 "해킹·바이러스 유포 등 사이버테러 3년간 4만여 건 발생" 헤럴드경제 (2013.09.05.)

구조가 이루어져 있는 것도 개선해야 할 과제이다. 정책적인 측면에서도 소프트웨어 부문은 연계성과 일관성이 많이 부족하다. 단기적 실적을 강조하는 단임제 대통령제를 택하고 있는 우리나라의 특성상 정보통신 기술의 투자에 있어 각 정권에서는 원천기술보다는 응용기술에 더 집중하고 있는 것도 한계로 지적되어 있다.

리더십 및 제도 측면에서는 경제위기라는 외부적 충격으로 인해 공공부문의 정보화 투자가 위축되었다는 점을 지적할 필요가 있다. '지식 개발'과 연결되는 투자 부문은 정부의 지원금에 큰 영향을 받을 수밖에 없는 것이 현실이다. 게다가 최근 강화되어 가고 있는 인터넷 기업 관련 규제 강화는 관련 시장의 성장에 악영향을 미친다는 점에서 불필요한 규제를 걸러내는 작업도 필요할 것이다. 이는 모두 정부가 민간에 보여주어야 할 역량이 된다. 또한, 정보통신부 생성 이래로 ICT 관련 업무는 담당 부처의 부침을 지속적으로 겪고 있다. 정책의 지속성, 안정성이 우려되는 부분이라 할 수 있다.

마지막으로 구축된 인프라를 바탕으로 실질적인 활용도를 높이는 것이 중요하다. 예를 들어, 전자정부서비스의 경우에는 인프라가 잘 구축되어 있음에도 불구하고 실제 활용도에 있어서는 덴마크, 노르웨이 등에 비하여 낮은 수준임을 지적할 수 있다. 실제 국민들이 구축된 ICT 인프라를 바탕으로 보다 풍족하게 관련 서비스를 이용하고, 더 높은 만족감을 느끼도록 정부의 역할이 강조될 필요가 있다.

요컨대, ICT 부문은 그동안 정부의 적극적인 지원으로 많은 발전을 이루어냈다. 하지만 이제 정부의 시선은 '활용'으로 그 영역을 넓혀야 할 때에 이르렀다고 볼 수 있다.

7. 딱 그만큼 발휘되는 미래에 대한 투자, R&D 부문과 교육 부문

본 정부경쟁력 지수에서 측정한 연구개발(Research & Development) 부문과 교육 부문은 시간적 관점에서 보았을 때, '미래에 대한 투자' 개념으로 이해할 수 있다. 그렇다면 과연 대한민국은 미래에 대해 상대적으로 경쟁력 있는 투자를 하고 있는 것일까? 이처럼 아직 돌아오지 않은 미래를 향한 투자는 현재 가시적으로 볼 수 없다는 점에서 정부의 입장을 곤란하게 하는 부분이기도 하다. 하지만 그렇기 때문에 각국 정부의 경쟁력이 더욱 두드러질 수 있는 부분이기도 하다.

결과부터 이야기하면, R&D 부문은 중위권(16위), 교육부문은 중하위권(20위) 정도의 투자를 하고 있는 것으로 나타났다. 이하에서는 중간 정도의 성적을 거둔 R&D 부문과 교육 부문에 있어서 대한민국이 처한 한계와 방향성에 대해서 간략히 살펴보도록 하겠다. 특히 R&D는 민간이 투자를 꺼려하는 분야이므로, 정부의 역할을 중점적으로 살펴볼 필요가 있다.

8. R&D, 미래의 대한민국을 이끌어 갈 씨앗은 무엇인가

우선 대한민국의 R&D 투자(Input) 자체는 상당히 우수한 것으로 보인다. 실제 OECD에서 발표한 <과학기술산업 스코어보드> 결과에 따르면, GDP 대비 R&D 집약도와 민간기업

R&D 투자의 GDP 대비 비율 항목에서 2위를 기록하였다. 물론 투자 부문에서도 미흡한 부분은 있다. 예를 들어 대학 및 중소기업의 R&D 투자비율, 민간 R&D 투자 가운데 해외로부터의 자금유입 등의 항목에서는 하위권을 기록한 것으로 나타났다. 그럼에도 불구하고 전반적으로 준수한 수준에서의 투입이 이루어지고 있는 것은 사실이다.

하지만 실제 연구를 진행하는 과학기술 분야의 박사학위자 비율(동 연령인구 대비)은 1.4% 수준으로 OECD 국가 중 20위를 기록하였다 이는 OECD 평균 1.6%에 약간 못 미치는

<표 6> 2013년 OECD 과학기술산업 스코어보드 주요 분야 한국 순위

부 문	세 부 지 표	순위(발표연도)	
		2013	2011
혁신 투입 부문	OECD 국가의 GDP 대비 R&D 집약도	2	4
	민간기업 R&D 투자의 GDP 대비 비율	2	4
	고용인력 1,000명당 연구인력수	6	8
	민간기업 R&D 투자 중 중소기업의 R&D 투자비율	18	22
	과학기술분야 박사학위자 비율(동연령인구대비)	20	-
	대학 R&D 투자의 GDP 대비 비율	23	24
	민간기업 R&D 투자 중 해외로부터의 자금지원 비율	35	35
과학과 혁신의 연계	특허에 인용된 과학논문 저자 소속기관의 소재국가	14	-
혁신 환경 조성	인터넷 접속 속도('13)/브로드밴드 다운로드 속도('11)	2	3
	정부의 민간 R&D 보조금과 조세지원규모의 GDP 대비 비율	4	6
	인구 100명당 무선 브로드밴드 가입인구	4	1
	정부의 R&D 예산중 에너지/환경분야 R&D투자비율	12	3

대상국가 : OECD 회원국(34개) + 중국, 러시아 등 일부 비회원국(2개)
출처: 미래창조과학부 보도자료 (2013.10.25.)

수준이다. 이처럼 잘되고 있는 부분과 잘되지 않고 있는 부분이 대체로 각각 50%씩 차지하고 있기 때문에 정부경쟁력 지수 순위에서도 중위권인 16위를 기록한 것으로 보인다.

하지만 이러한 정부 차원 투입의 성과는 무슨 이유인지는 모르지만 조금 고개를 갸우뚱거리게 한다. 기존의 지표와 더불어 정부경쟁력 지수에서도 투입 부문 지표에서 세부지표별로 큰 차이가 발생하고 있는데, 산출 부문에서는 그 편차가 더 커지는 느낌이다. 예를 들어, 정부경쟁력 지수를 살펴보면, 정부에서 R&D 부문에 예산을 지원하면서 중요하게 여기는 부분 중 하나인 경제적 성과 부분을 보의 경우 하이테크 산업의 제조업 수출액 비중은 최상위권이지만, 국민 1인당 산업부가가치나 기술 수출액의 경우에는 중하위권에 불과하다.

이러한 세부지표별 편차는 결국 '원천기술'에서 갈리는 것이 주요 원인으로 보인다. 원천기술을 해외 기술 선진국에서 사들이고, 이를 활용하여 제조업 부문에서 재가공 및 대량생산하는 방식으로 이익을 창출하는 것이 대한민국의 현재 경쟁력인 것이다. 결국 기술보호, 기술개발 투자에 더욱 집중하여 향후 대한민국의 원천기술을 만들어내야 하는 것이 미래 정책과제가 되는 셈이다.

한 가지 더, 현재 대한민국 정부가 미래지향적 관점에서 주의 깊게 살펴보아야 할 것은 국가별 학교에서 과학교육이 강조되는 정도이다. 과학교육을 얼마만큼 강조하는지에 따라 향후 국가별로 과학기술의 발전 가능성을 간접적으로나마 예측할 수 있다는 점에서 현재 청소년들이 가지고 있는 관심도는 매우 중요하다. 결과는 어떠한가. 바로 아래의 그림과 같다. 현재 정부 경쟁력 지수 순위인 16위와 별반 다르지 않는 18위이다. 미래에도 대한민국의 R&D 경쟁력을 이렇게 많은 투입에도 불구하고 중위권 수준의 성과에 머무르게 할 것인가. 앞으로 대한민국이 보다 더 적극적으로 밀도 있는 정책을 개발해야 하는 이유다.

<그림 13> 국가별 학교에서 과학교육이 강조되는 정도

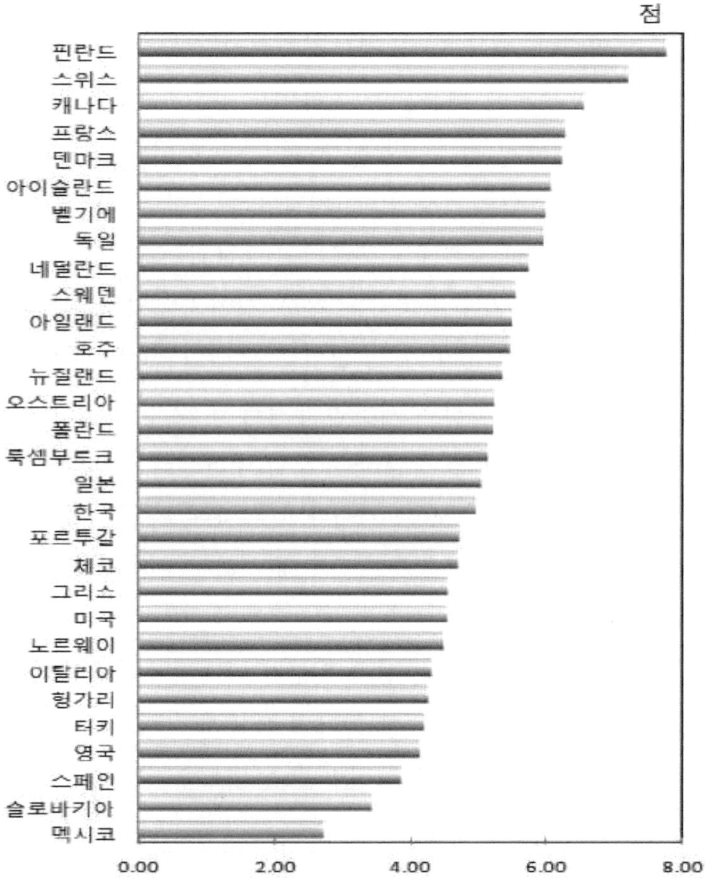

자료: 한국과학기술기획평가원(2012) 2012년 국가과학기술혁신역량평가

9. 교육, 갈림길에 서 있는 정부의 역량

각종 국제기관에서 정기적으로 발표하고 있는 우리나라 국가경쟁력 순위는 대략 중위권, 그중에서도 교육부문의 경쟁력 순위는 항상 종합순위보다 더 낮다. 정부경쟁력지수에 따른 순위 결과, 교육 부문에서는 미국이 1위, 호주가 2위, 뉴질랜드가 3위, 같은 아시아권에서는 일본이 13위를 기록했다. 우리나라 교육 분야 경쟁력은 중하위권으로 전체 20위를 기록했다. 정부경쟁력센터의 결과에서도 역시 대한민국 정부경쟁력 종합순위가 16위를 기록한 점과 비교하면 교육 분야의 순위는 20위로 나타나 다소 뒤떨어지는 것으로 평가할 수 있다. 구체적 지표로 원인을 살펴본 결과, 한국의 순위를 낮추는 대표적인 세부 지표들은 의무교육기간, 교원 수 등 정부의 제도와 관련된 부분이 많은 것으로 나타났다.

이러한 결과는 한국이 대내외적으로 높은 교육열을 가진 사회로 알려진 것에 비해 정부 차원에서 실질적인 교육의 질을 높일 수 있는 제도적 노력이 미흡한 것은 아닌지 추론할 수 있다. 또한, 다른 국가에 비해 유달리 사교육이 발달한 한국의 특성상, 대입 수능을 비롯한 교육제도의 변화 및 사교육 제도 자체에 문제가 발생하여도 이를 다른 사교육으로 충당하는 형태의 악순환 현상이 나타났기 때문이라고 볼 수도 있다. 즉 한국에서는 다수의 사람이 교육에 대한 새로운 수요가 발생했을 때, 이를 공적 부문보다 사적 부문을 통해 해결하려고 하는 경향이 다소 높다는 것이다.

한국 사회에서 이미 낮아질 대로 낮아진 공교육에 대한 신되는 나날이 사교육 시장을 키우고 있다. 요즘 학생들에게는 학교수업이 끝나고 학원에 가는 것은 일상다반사이다. 대한민국 사교육 중심지인 '대치동'을 중심으로 사교육에 잠식된 삶을 살아가는 어린 학생들의 일과는 이미 알려질 대로 알려진 현실이다.이는 결국 교육 분야에서 국민의 높은 교육열에 비해 교육의 질을 향상시킬 수 있는 정부의 노력이 부족하기 때문이라고 평가할 수 있다. 부모의 욕심이라 할지라도 결과적으로 공교육이 충분한 교육을 제공하지 못하기 때문에 사교육 시장은 나날이 커지고 있는 것이 아니겠는가.

<그림 14> 박세환 "쫓기듯 햄버거로 뚝딱 ... 학원가는 아이들 서글픈 저녁밥"

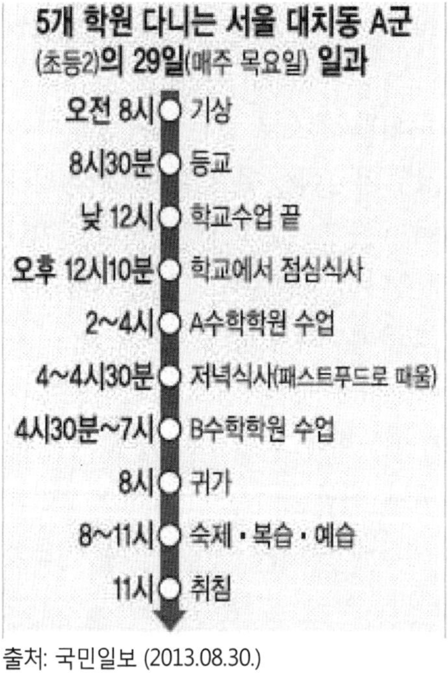

출처: 국민일보 (2013.08.30.)

이러한 실제 교육 현실의 딜레마는 2012년 말에 방영을 시작했던 드라마 '학교 2013'에서도 여실히 드러났다. 현재 대한민국의 교실에서 벌어지고 있는 교육 문제를 생생하게 그려낸 이 드라마는 평균 시청률 15%라는 준수한 성적을 보이며, 다수 시청자의 공감을 이끌어냈다. 특히 두 남녀주인공을 중심으로 공교육과 사교육의 시각 차이를 보여주면서 대한민국 교육의 미래를 되묻고 있다.

<그림 15> 공교육과 사교육 간 딜레마를 보여준 드라마 '학교 2013'의 장면 (방송화면 캡처)

출처: 조신영 "학교 2013, 공교육과 사교육의 경계에 선 학교" OSEN (2012.12.11.)

또한 우리나라의 경우 직업의 안정성 등을 이유로 교사라는 직업에 대한 선호가 지속적으로 증가하고 있다. 이는 매년 높아지는 교원임용고사의 경쟁률만 보아도 확연히 드러난다. 단순히 지원자가 많다는 이유만으로 인재들이 몰린다고 단언할 수는 없으나, 우리나라 교사의 자질과 능력은 선발과정에서 충분히 검증받을 수 있는 수준일 것이다. 이렇게 수많은 인재가 오랜 시간을 거쳐 시험에 대비하고 높은 경쟁률을 뚫고 교사로 임용되기 때문이다.

그러나 막상 임용이 되고 난 후 교사에 대한 평가는 어떠한가. 우리나라 초중고 교사들에 대한 국민적인 평가는 매우 낮다. 교사들의 입장에서 보면 수업과 관련된 업무 외의 타 업무가 과다하여 정작 가장 중요한 수업준비에 들이는 시간과 노력이 부족해질 수밖에 없다는 한탄의 목소리가 많은 것이 사실이다. 교육현장의 목소리에 귀 기울인다면, 대한민국은 아직도 하드웨어적인 측면에서 더욱 많은 투자가 필요한 것인지도 모른다.

교육 부문 경쟁력의 한계는 대학교육에서도 그대로 나타난다. 해마다 공개되는 대학 순위뿐만 아니라, 세계경제포럼(WEF)에서 발표한 2013년 국가경쟁력 평가의 '스태프 트레이닝(교육 및 연구행정의 질 평가)' 부문에서도 대한민국은 7점 만점에 4.2점으로 51위에 불과했다.

한국이 높은 경제성장과 함께 이른바 선진국 반열에 올라선 데에는 타 국가의 정상이 직접 언급할 정도로 높고 뜨거운 교육열에 기반하고 있는 것은 사실이다. 현재 대표적인 강대국 중 하나인 미국의 버락 오바마 대통령이 직접 "대한민국 교사는 국가 건설자(National builder)"라고 언급하면서[10] 한국의 교육역량, 교육열을 높이 평가했을 정도이다.

하지만 본 조사에서도 드러났듯이 한국의 높은 교육열은 거대한 사교육 시장과 그에 따른 폐해를 일부 만들어내었으며, 그로인해 대학입시를 중심으로 한 왜곡된 교육 체계 등이 나타나게 되었다. 특히 대학입시만을 목표에 둔 교육 체계는 향후 '창의적·창조적 인재'를 키워내는데 한계로 작용할 수 있다. 그리고 이러한 한계는 본 조사결과뿐만 아니라 2013년 스위스 국제경영개발원(IMD)에서 발표한 교육경쟁력 순위가 60개국 중 25위에 머물렀다는 것에서도 나타난다.

결과적으로 한국은 정부가 직접 미래에 대한 투자 관점에서 적극적인 제도·시스템을 보완하기 위한 근본적인 교육 부문 청사진을 내놓아야 할 시점에 이르렀다고 평가할 수 있을 것이다.

10. 보건복지, 농업식품, 환경 … 흔들리는 일상(日常)

한국은 빠른 속도로 경제 성장을 이루어 내면서 원조를 받는 나라에서 원조를 보내주는 나라로 발전하였다. 국가 경제수준뿐만 아니라 다양한 기술의 발달, 사회와 문화 수준의 향상 등 다방면에서 국민들의 생활 수준도 크게 변화하였다. 집에 텔레비전이나 자가용차를 가지고 있는 경우가 드물고, 아주 특별한 날이 아니면 가족들과 외식을 하기도 쉽지 않고, 집안의 장남을 공부시키기 위해 다른 형제들이 교육을 포기해야 했던 시절이

10) 안양옥. "대한민국 教育경쟁력 더 높여야" 문화일보. (2013.09.13.)

불과 몇십 년 전이었다는 점을 생각하면 한국이 얼마나 빠른 속도로 발전을 했고 변화해 왔는지 알 수 있다. 한국은 분명 미국이나 유럽 국가들과 견주어도 뒤떨어지지 않을 만큼 빠른 속도로 발전하고 있다. 하지만 현재 대한민국은 선진국의 문턱에서 일반 국민들의 일상을 얼마만큼 지켜주고 있는 것일까?

이번 정부경쟁력지수 조사에서 대한민국의 정부경쟁력 순위를 끌어내린 대표적인 분야는 보건복지(27위), 농업식품(28위) 및 환경(25위) 부문이다. 이 세 분야의 저조한 상대 성적을 놓고 한 단어로 요약한다면 '불안정성'을 꼽을 수 있을 것 같다. 즉, 국민들의 일상생활 근원을 이루는 요소들이 저조한 순위를 기록한 것이다. 앞일은 알 수 없기 때문에 미래를 준비해야 하는 국민들의 일상(보건복지), 날마다 먹는 음식이 주는 국민들의 일상(농업식품), 국민들의 일상적인 삶과 직결되는 자연환경의 가치(환경) 등과 같은 것은 계량화된 수치만으로 설명할 수 없는 삶의 안정성을 제공하는 것들이다.

보건복지분야 정부경쟁력이 떨어진다는 것은 '필요한 사람을 위한 복지' 체제가 아니라는 점에 있는 것으로 보인다. 게다가 낭비되는 부분도 많다. 복지기금고갈 등 장래성에 대한 미비가 큰 원인이 아닌가 한다. 환경분야의 정부경쟁력도 문제이다. 환경부가 부로 승격된 후, 여러 정책을 시행하고 있지만, 그 효과는 미비한 것으로 보인다. 이는 부처몸집만 불렸지, 제대로 일을 하지 못한다는 것을 의미한다. 나아가 농업식품이 위기라는 점은 부연할 필요가 없을 것이다.

이들 세 분야는 수치화할 수 없기 때문에 쉽사리 시장이 조성되지 않는 분야이다. 하지만 최소한의 삶의 안정성을 위해 정부에서 지대한 관심을 가져야 하는 분야이기도 하다. 특히 보건복지 분야는 대한민국의 사회·문화적 환경(예: 저출산, 고령화 등)과 밀접한 관련을 맺고 있는 만큼 정부가 충분한 역량을 발휘해야만 한다.

11. 보건복지, 당신의 미래는 안녕하십니까?

우선 국민들의 안녕을 지키는 대한민국의 보건복지 분야의 발전은 경제적으로나 문화적으로 선진국 수준으로 발전해 가고 있는 것과는 대비적으로 실망스러운 수준에 있다. 정부경쟁력지수에 따르면, 보건복지 분야의 정부경쟁력 순위는 OECD 34개국 중 한국은 27위로 하위권에 위치했다.[11)]

더욱이 기획재정부가 2011년에 발표한 국가경쟁력보고서에 따르면, 우리나라 사회복지 지출 비중은 OECD 34개국 중에서 33위, 공적연금 지출은 29위라는 최하위권 성적을 받았다. 보건복지 분야에 대한 공공지출은 물론이거니와 연금 관련, 시설 및 인력 관련 등 여러 방면에서 한국은 여전히 후진국 수준의 경쟁력을 갖추고 있다는 것이다.

예를 들어 의료 기술은 세계적인 수준으로 발달했음에도 불구하고 국민들이 그런 의료 서비스를 보다 쉽게 활용할 수 있게끔 하는 정부의 노력은 찾아보기 힘들고, 한국에서의 장애인 복지 내용은 말할 것도 없이 부족하다. 최근 정부가 다양한

---

11) 최근 한국보건사회연구원에서 내놓은 복지종합지수에서도 한국은 20위에 자리 잡고 있다.

계층을 위한 복지 정책을 내놓고, 전에 없이 많은 돈을 복지 예산으로 책정하고 있음에도 불구하고 국민들은 국가가 제공하는 복지 수준에 만족하지 못하고 있다는 것만 보아도 정부가 이 분야에 있어 노력해야 할 여지가 아직 많이 남아있다는 것이라고 볼 수 있을 것 같다.

12. 고령화·저출산, 국가의 근간을 흔드는 것들

전 세계적으로 인구의 고령화는 심각한 문제임에 틀림이 없다. 삶의 질의 향상과 의료 기술 등의 발달로 인간의 기대 수명은 지속적으로 늘어나고 있다. 한국의 경우만 봐도 평균 기대수명은 1960년 53.7세에서 2011년 84.5세로 엄청난 수준의 증가를 보였다. 앞으로 이는 더 늘어날 것으로 보이며, 실제 2013년에 태어난 아이들의 기대 수명은 90세 이상으로 나타나고 있다. 최근 어느 한 보험 광고 카피에서처럼 현재 우리는 '유병장수시대'를 맞이하고 있으며, 고령화 문제는 지금 당장의 문제가 아닌 앞으로도 지속적으로 나타날 문제이다.

하지만 한국보건사회연구원이 작성한 보고서에 따르면 OECD 국가들 중 한국이 고령화 대응지수에서 최하위 순위를 기록한 것으로 나타났다. 또한, 2013년 멜버른-머서 글로벌 연금지수(MMGPI)에 따르면 덴마크, 네덜란드, 호주, 스위스 등이 상위권을 차지한 반면 한국은 20개국 중 18위를 기록하면서 최하위 수준을 나타냈다. 이 순위는 연금의 적정성, 지속가능성, 완전성을 바탕으로 매겨지는데 한국은 세 지표 모두에서 낮은 점수를 기록한 것으로 나타났다.

따라서 이에 대한 해결책 역시 단기적이 아닌 장기적으로 지속 가능해야만 한다. 지금 당장 노인 인구를 만족시키는 것이 문제가 아니라 앞으로도 계속 늘어날 노인 인구에 대한 대책이 필요한 시점이다. 그리고 이러한 제도의 지속가능 여부는 세대갈등과도 연계된다는 점에서 정부가 더욱 관심을 가져야 할 것이다.

한편, 인구의 고령화와 함께 전 세계적으로 문제가 되고 있는 것이 바로 저출산 문제이다. 한국의 경우만 봐도 2011년 출산율이 1.24명으로 세계 평균 출산율보다도 낮은 수준을 보이고 있다. 따라서 사회적으로도, 그리고 정부 차원에서도 출산율을 올리기 위한 캠페인 등을 어렵지 않게 찾아 볼 수 있다. 하지만 아이를 낳으라는 캠페인은 지속적으로 하면서도 정작 부모의 육아나 아동들을 도울 수 있는 복지에 대해서는 이렇다 할 정책이 마련되지 않고 있다. OECD 국가들 중 GDP 대비 아동가족복지 지출을 비교했을 때 최하위 권에 속한다는 연구 결과만 보아도 아동복지에 관한 정부의 관심이 많지 않다는 것을 알 수 있다.

<그림 16> OECD 국가 GDP 대비 아동가족복지지출 수준 비교

(2009년 기준)

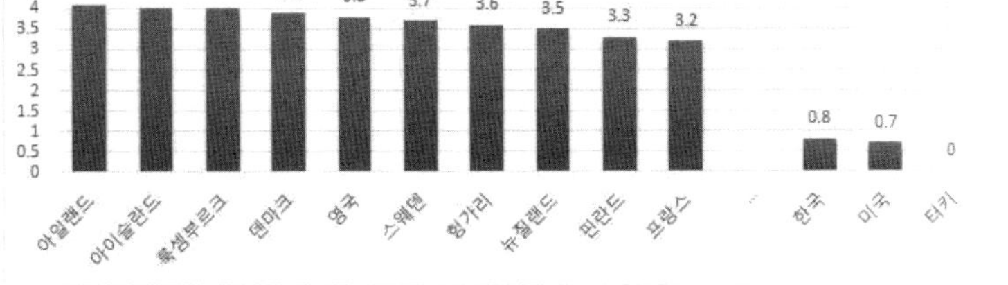

출처: 한국보건사회연구원

특히 최근엔 맞벌이 부부의 수가 늘어가면서 특히 낮 근무시간 동안 아이를 돌볼 수 있는 여지가 없는 경우가 많으며, 형편이 넉넉하지 못한 가정의 아이들의 경우에는 상황이 더욱 심각하다. 아이들의 하루 생활을 돌봐 줄 사람이 없는 것뿐만 아니라 끼니조차 제대로 챙겨 먹지 못하는 경우가 많다. 하지만 부모가 일을 하는 동안 어린아이들을 돌봐 줄 수 있는 복지 시설은 턱없이 부족하며, 특히 초등학교에 입학한 아이들까지 돌봐 주는 시스템은 더욱 부족한 실정이다.

얼마 전, 서울시에서는 3세에서 5세 사이의 모든 아이에 대해 무상 보육을 시행한다고 밝혔고, 그전에는 서울시 초중등학생들을 위해 무상 급식을 실시하였다. 하지만 제공하고 있는 무상급식의 예산이 턱없이 낮고 급식의 질도 좋지 않아 많은 논란이 일고 있으며 무상 보육 역시 예산확보 등의 문제로 논란이 되고 있는 실정이다.

또한, 아동들을 돌봐주는 시스템도 중요하지만, 부모들이 직접 육아에 참여할 수 있는 기회를 주는 방안도 아동복지의 한 방향으로 중요하게 고려해야 할 부분이다. 한국의 경우 여성이 아이를 낳아도 충분한 출산/육아 휴직을 갖기 힘든 경우가 많고 휴직 후 복직이 어려운 경우도 생기면서 여성에게 육아와 일은 양립할 수 없다는 인식이 확산되고 있다. 남성의 경우는 육아휴직 제도가 도입되어 있음에도 생각조차 할 수 없는 경우가 많다.

한편, 복지 부문과 관련하여 눈에 띄는 부분 중 하나는 장애인 복지와 관련한 내용이다. 그 예로 우리나라는 GDP 대비 장애인연금 지출 비중이 OECD에서 멕시코를 제외하면 최하위인 것으로 나타났다. 구체적으로 한국의 장애인연금 지출 비중은 0.1%로서 1990년대부터 20여 년 동안 거의 변화가 없다는 것을 알 수 있다. OECD 평균이 1.3%이고 가장 높은 노르웨이와 아이슬란드는 2.8%에 이르는 것과 비교해 보면 너무나도 낮은 수치임에 틀림이 없다. 장애인 의무고용을 시행하고 차별금지법이 시행된 지 5년이 지나가지만, 아직도 이들의 수입은 상용근로자의 절반에도 미치지 못하는 등 사회적 배려가 부족한 것으로 나타났다.

게다가 우리가 일상생활에서 볼 수 있는 예로서, 한국은 다른 선진국들과 비교해서 건물, 대중교통 등 사회 전반에서 휠체어의 접근성이 매우 떨어진다는 것을 알 수 있다. 지하철역에서 계단을 내려가려면 역무원에게 연락을 해서 기다려야 한다. 장애인이 버스에 타는 것은 아직도 어려운 실정이며 건물이나 사무실 입구에 경사면이 없거나 턱이 있어서 휠체어가 드나드는데 어려움이 많다. 이러한 접근성 문제는 정부가 직접 나서서 적극적인 해결책을 모색해야만 해결할 수 있는 문제라는 점에서 정부의 역할이 더욱 중요하게 대두된다.

13. 보건, '건강'한 국가를 위해 놓치지 말아야 할 것

또한 보건 분야에 대한 저조한 정책적 관심도 앞으로 정부가 고려해야 할 부분이다. 일단 한국 정부의 조직 개편사를 살펴보면 보건 (혹은 의료) 분야에 핵심을 둔 조직 개편은 단 한 번도 없었다는 점이 흥미롭지 않은가? 보건 분야는 항상 다른 복지 분야와 함께 다루어져 온 것이 현실이다.

보건의료 분야에 대한 정부 예산 현황을 보면 한국에서 보건의료 분야의 현실을 분명히 알 수 있다. 정부가 편성한 2014년도 정부예산안을 보면 보건복지부의 예산은 전체 복지 예산안 중 약 46조 원 정도인데 그 중 보건부문 예산은 약 8조 7,900억 원 정도로 19% 정도를 차지한다. 특히 여기서 건강보험 국고지원을 제외하고 나면 순수 보건의료 예산은 1조 8,000억 원 정도로 전체 복지부 예산의 3.9% 정도에 불과하다. 이는 다른 OECD 국가들의 보건의료 관련 예산안의 3분의 1 정도에 지나지 않는 수준이라고 한다. '보건이 복지부에 셋방살이를 한다.'는 표현이 무색하지 않을 정도로 보건의료 부분에 대한 정부의 노력이 충분하지 않다는 것을 볼 수 있는 대목이다.

<그림 17> 2014년도 대한민국 정부 예산안

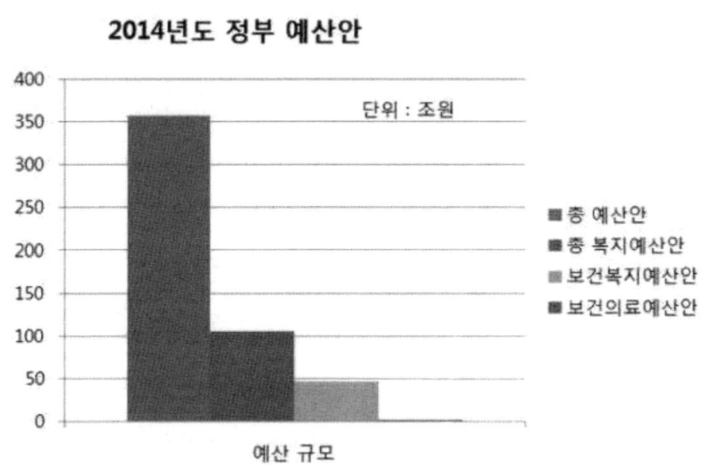

14. 기쁨을 잃은 나라[12], 대한민국

이번 조사를 통해 한 가지 더 주목해야 할 것은 한국의 보건복지 부문 정부경쟁력 순위를 크게 떨어뜨린 지표가 삶의 만족도라는 점이다. 삶의 만족도를 측정한 순위에서 최상위권에 포함된 국가는 북유럽 3국으로 덴마크, 핀란드, 스웨덴이 각각 1, 2, 3위를 차지했다. 반면 한국 국민들의 전반적인 삶의 만족도는 10점 만점에 4.2점이고, 행복지수가 OECD 국가 중 27위에 위치하는 등 한국의 빠른 경제적, 사회적 발전에도 불구하고 굉장히 낮은 삶의 만족도 수준을 가지고 있다는 것을 알 수 있다.

한국의 자살률이 1위라는 것은 언론 기사를 통해 심심찮게 찾아볼 수 있으며, 특히 청소년 사망원인 1위가 자살이라는 점을 보면 씁쓸해질 수밖에 없다. 대한민국의 미래세대가 그 꿈을 펼쳐보기도 전에 삶을 포기한다는 것은 그 사회의 지속가능성에 의문부호를 달게 할 만큼 심각한 문제임에 틀림없다. 지속적으로 경쟁을 부추기는 사회적 분위기, 일과 가정을 양립하기 어려운 근무환경, 여가를 즐기기 어려운 문화 등 다양한 이유로 한국 국민들이 정서적인 고통을 겪고 있다. 직장에서 체류하는 시간이 많은 우리 국민은 이 때문에 삶의 만족도가 저하될 뿐만 아니라 극단적인 선택으로까지 이어지게 되는 것이다. 삶의 만족도가 낮은 원인을 한두 가지로 꼽을 순 없겠지만,

---

12) '기쁨을 잃은 나라'라는 타이틀은 다니엘 튜더(2013) 「기적을 이룬 나라, 기쁨을 잃은 나라 (원제: Korea, The Impossible Country)」의 제목에서 인용하였음을 밝힌다.

그렇다고 하여 삶의 만족도가 개인 수준의 일이므로 국가적인 지원이 필요 없다고 여기는 것 또한 곤란할 일이다.

15. 환경, 선진국의 문턱을 넘기 위한 필요조건

환경 부문은 어떠한가? 환경 부문은 정부경쟁력 지수에서 25위라는 하위권 성적표를 받아들게 됨으로써 향후 정부에서 각별히 신경 써야 할 분야임이 이번 조사를 통해 나타났다. 물론 오랜 기간 개발도상국으로써 산업 중심의 정책을 펼쳤고, 최근에야 환경에 대한 국가적 관심이 생겨났다는 점을 감안한다면 이러한 결과를 수긍 못 할 바는 아니다. 하지만 OECD 국가 중 16위로 나타난 정부경쟁력 통합 순위와 비교해볼 때 환경 분야는 전체 순위를 끌어내리는 역할을 한 셈이다. 특히 지난 이명박 정부가 환경 분야에서 '녹색성장'을 신 국가 비전으로 제시하고 위원회 조직을 신설하는 등 언론과 학계를 통해 수없이 강조하고 홍보한 것에 비하면 실망스러운 순위라고 할 수 있다.

환경 부문의 대표 이슈 중 하나인 탄소 배출과 관련하여 2012년 유럽위원회 공동연구센터(European Commission's Joint Research Centre)와 네덜란드 환경영향평가청(PBL Netherlands Environmental Assessement Agency)이 공동으로 발간한 보고서에 따르면, 대한민국은 2011년 기준 6억 1천만 톤의 이산화탄소를 배출하면서 세계 7위를 기록하였다. 이러한 수치는 1990년에 비해 144% 증가한 것이다.

또한 중국이나 인도와 같이 배출량이 압도적인 국가를 제외하고 OECD 국가만을 비교한 이번 조사에서조차 한국이 7위라는 상위권에 있다는 것은 심각한 문제이다. 이에 대한 가장 큰 원인으로는 '세계의 공장'으로서 공산품 수출을 하는 우리나라 산업구조의 문제를 꼽을 수 있을 것이다. 특히 정부경쟁력지수의 환경 분야 순위에서 일인당 이산화탄소 배출량이 주요 지표로 활용되었기 때문에 그 영향력이 매우 클 수밖에 없다. 결국 이산화탄소 배출 감소세로 돌아선 다른 OECD 국가들에 비해 이산화탄소 배출량이 우리나라의 환경 분야 정부경쟁력 순위 하락에 상대적으로 높은 영향을 미친 것이다.

<표 7> 이산화탄소 배출 총량 상위 10개국

국가	1990년 (10억t)	2008년 (10억t)	2009년 (10억t)	2010년 (10억t)	2011년 (10억t)	2011년 순위	1990년 대비(%)	2010년 대비(%)
중국	2.51	7.79	8.27	8.90	9.70	1	287	8
미국	4.99	5.74	5.33	5.53	5.42	2	9	-2
EU-27	4.32	4.09	3.79	3.91	3.79	-	-12	-3
인도	0.66	1.56	1.75	1.86	1.97	3	198	6
러시아	2.44	1.80	1.74	1.78	1.83	4	-25	3
일본	1.16	1.25	1.18	1.26	1.24	5	7	2
독일	1.02	0.86	0.08	0.84	0.81	6	-21	-4
한국	0.25	0.54	0.54	0.59	0.61	7	144	3
캐나다	0.45	0.57	0.53	0.54	0.56	8	24	4
인도네시아	0.16	0.41	0.44	0.49	0.49	9	210	0
영국	0.59	0.53	0.49	0.50	0.47	10	-20	-6
세계	22.70	31.70	31.30	33.00	33.90	-	49	3

기후변화행동연구소(자료: European Commission's Joint Research Centre & PBL Netherlands Environmental Assessment Agency, 2012)
출처: http://climateaction.re.kr/index.php?mid=news01&document_srl=28178

한편, 탄소배출 7위, 석유소비 12위, 석탄·전력 소비 10위를 차지하고 있는 대한민국에 있어서 신재생에너지 사업은 매우 중요하다. 특히 최근 전 세계적으로 탈원전이 이슈가 되면서 신재생에너지사업은 정부가 중점 추진해야 할 필수 과제 중 하나가 되었다. 대한민국의 경우, 에너지 해외의존도가 무려 97%에 이르기 때문에 미래를 대비하는 차원까지 고려해야 한다.

<그림 18> 신재생에너지가 전체 1차 에너지에서 차지하는 비중

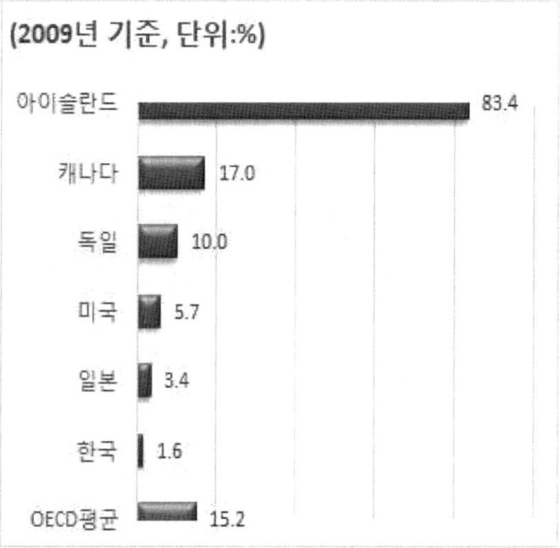

자료: OECD

올해 열렸던 2013년도 국정감사에서 지적되기를 우리나라는 신재생에너지 사업에 13년 동안 약 7조 원에 이르는 비용을 투입했음에도 불구하고 1차 에너지에서 신재생에너지가 차지하는 비중(1.6%)은 여전히 OECD 국가 중에서 최하위권에 머무른 것으로 나타났다. OECD 평균인 15.2%에 비해 턱없이 낮은 수치이다. 이는 화석 연료사용 증가속도가 신재생에너지보다 훨씬 빠르게 상승하였기 때문이기도 하지만, 한편으로는 효율성·효과성이 떨어지는 정책 등도 영향을 미친 것으로 보인다. 그동안 투입한 자원만큼 정부가 충분한 역할을 수행하지 못한 것이 아닌가 하는 추론이 충분히 가능한 결과이다. 효과성이 높은 정책 추진을 위한 정부의 역량이 요구되는 시점이라 할 수 있다.

제 3 장

그래도 미국은 미국이다: 미국의 정부경쟁력

미국은 광대한 국토와 많은 인구, 풍부한 자연·경제적 자본을 가진 국가이다. 다양한 문화적 배경을 가진 여러 인종이 한데 모여 싸우고 타협하며 갈등과 이해의 과정을 반복해 가면서 현재의 미국의 문화와 특징을 만들어 냈다. 미국 국민들은 크리스마스나 부활절, 핼로윈을 휴일로 지정해 기념하고 즐기지만, 동시에 개개인의 종교적, 문화적 신념에 따라 하누카(Hanukkah - 유대인의 연례축제)나 음력 1월 1일 혹은 8월 15일을 기념하기도 한다. 한때는 흑인들을 노예로 여기고 유색인종을 업신여기던 사람들이지만 이제는 반인종차별주의의 분위기가 퍼지고 있어서 적어도 겉으로 드러나는 차별이나 증오범죄 등은 많이 감소하고 있다.

<그림 19> 미국의 지정학적 위치 (출처: 포털사이트 DAUM)

이렇듯 다른 국가들과는 사뭇 다른 역사를 거쳐온 현재의 미국은 이런 다양한 자본을 활용하여 전체 정부경쟁력 순위 중 1위를 차지하며 정부가 다방면으로 높은 경쟁력을 가지고 있는 것을 보여주었다. 그렇다면 미국의 정부는 모든 방면에서 전반적으로 다 잘했기 때문에 1위를 차지할 수 있었던 것일까?

<표 8> 미국의 정부경쟁력 순위

	종합	경제	교육	보건 복지	농업 식품	R&D	ICT	환경	문화 관광	총괄
미국	1위	6위	1위	22위	1위	1위	7위	30위	2위	16위

아래의 그림에서도 알 수 있듯이 꼭 그렇지만은 않다. 미국 역시 다른 국가들에 비해 상대적으로 강점을 나타내는 분야가 있는가 하면 비교적 취약한 분야가 있다. 또한 이는 다른 국가들의 강하고 취약한 분야와는 당연히 차이가 있다. 미국의 문화 관광분야 같은 경우는 굳이 자세하게 설명하지 않아도 할리

우드와 브로드웨이 등에서 세계적으로 인정받는 다양한 콘텐츠를 자랑하고 있고, R&D 분야 같은 경우 다른 분야들과 비교해 봐도 굉장히 높은 순위를 기록하며 정부가 많은 노력을 기울이고 있음을 알 수 있다. 한편으로는, 항상 논란의 중심에 있는 미국의 보건복지 분야나 종종 비판을 받고 있는 환경 분야와 같은 경우에는 이번 정부경쟁력 순위에서도 꽤 낮은 순위를 기록했다.

<그림 20> 미국의 분야별 정부경쟁력 순위

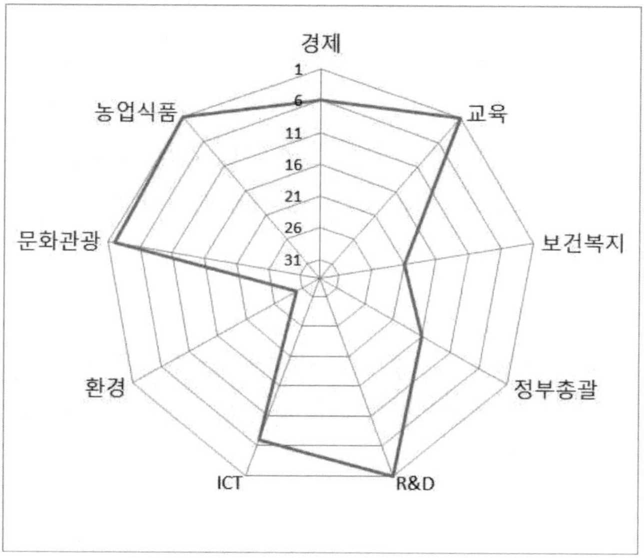

이렇게 각 분야가 각기 다른 결과를 나타내는 것은 미국의 정부가 국가의 다양한 자원과 자본을 어떻게 활용했는지를 살펴보면 그 설명을 찾을 수 있을지도 모른다. 미국 정부에 있어 우선순위는 어떤 것들이었을까? 과연 미국 정부는 각 분야의

활동을 어떻게 지원하였기에 이런 결과를 나타내게 되었을까?

1. 세계를 호령해 온 미국 경제의 힘

미국 경제는 제2차 세계대전 이후 세계를 호령해 온 경제 강국이라 할 수 있다. 대체로 미국은 국가의 역할을 강조하기보다는 시장주의를 택하고 있다(임도빈, 2011).[13] 하지만 역사적으로도 미국은 필요에 따라 보호주의 무역 정책 등을 활용하는 등 경제 분야의 경쟁력을 위해 보이지는 않지만 충분히 영향력 있는 다양한 역할을 수행해 왔다.

최근 미국 정부는 중립적인 규제자 역할에서 적극적 간여자 역할로 변모해가고 있다. 예컨대, 2008년 부동산 시장의 붕괴로 촉발된 금융위기에서 벗어나기 위해 연방준비위원회(FRB)는 양적 완화 정책을 펴왔다. 매달 850억 달러씩 채권을 매입하여 시장에 돈을 푸는 방식이다. 이에 힘입어 경기가 회복되자, 버냉키 위원장은 2015년 1월부터 매달 100억 달러씩 매입규모를 줄이겠다고 발표하였다. 미국금융정책 분야에서 미국정부가 가지고 있는 정부경쟁력이 상당함을 보여주는 예라고 할 수 있다.

또한 미국정부가 일본 토요타 등 외국 자동차 브랜드의 생산성에 손을 든 제너럴모터스(GM) 자동차회사에 공적 자금을 투입한 것은 시장을 중시하는 기존 미국 모델과는 정반대의 정책사례이다. 미국 정부는 2008년 금융위기 직후 파산 위기에 처한 GM을 살리기 위해 총 495억 달러(약 52조원)의 공적자금

13) 임도빈. (2011). 「비교행정강의」. 서울: 박영사.

을 투입해서 회사지분의 60.8%를 인수하였다. 미국 경제의 상징인 자동차 산업이 붕괴될 위험에 처한데다가, 100만명 이상의 해고가 불가피한 상황 속에서 오바마 대통령이 특정 기업에 대한 공적자금 투입이라는 극단적인 선택을 한 것이다. 이러한 정부의 시장 간여를 비꼬아 GM의 풀네임을 'Government Motors'라고 표현하기도 하였다. 하지만 미국 정부에서 이러한 적극적인 역할을 수행한 덕분에 2013년 12월 GM은 정부의 구제금융에서 벗어나 다시 자립하게 되었다. 전 세계적으로 각국이 경제 분야에서 어려움을 겪는 가운데 미국정부의 경제 분야 경쟁력이 높게 나온 이유는 바로 이러한 보이지 않는 정부의 역할들이 효력을 발휘했기 때문이다.

2. 음악부터 영화까지 다양한 문화콘텐츠

미국의 문화콘텐츠 산업은 세계 제일로 손꼽힐 만큼 그 규모와 영향력이 매우 크다. 한국에서만 봐도 그 영향력을 쉽게 알 수 있다. 5~60년대에 사람들은 유행하던 팝송을 따라 부르기 위해 영어를 몰라도 발음만 흉내 내곤 했고, 최근의 젊은 사람들은 저스틴 비버의 내한공연에 열광한다. 화려한 색감과 귀여운 캐릭터의 디즈니 애니메이션에 열광하던 어린아이들이 이제는 할리우드에서 제작된 여러 장르의 영화를 보러 극장에 가고, 뮤지컬을 비롯한 다양한 무대공연의 세계적 중심지로 뉴욕의 브로드웨이를 꼽는다.

인터넷이 발달한 요즘에는 미국의 문화콘텐츠가 영향력을 미치는 속도는 거의 빛의 속도에 가깝다고 할 수 있을 정도로

<그림 21> 브로드웨이 뮤지컬 '캣츠'

출처: 위키피디아

빨라졌고, 이젠 미국 현지에서 방영 중인 텔레비전 드라마나 쇼 프로그램을 거의 실시간으로 챙겨 보는 사람도 늘어가고 있을 정도이다. 이처럼 과거에나 지금이나 미국의 다양한 문화 콘텐츠는 전 세계적으로 사람들의 관심을 받고 있음에 틀림이 없다.

흥미로운 점은 미국에서 수출하는 대부분의 문화 콘텐츠는 정부의 정책이나 지원의 산물이라기보다는 사적 영역에서 만들어진 것들이라는 점이다. 우선 미국은 현재 공식적으로 연방정부 소속의 '문화' 관련 부처를 두고 있지 않기 때문에 이른바 중앙정부 차원의 문화정책은 부재하다고 본다.[14] 대신 미국 행정부 독립기관으로서 국립예술기금(National Endowment for the Arts: NEA)을 통해 비정치적인 예술 활동을 지원하고

14) 한국문화관광정책연구원. (2010). 「외국의 문화관광정책 및 행정체계 연구」 참조

있다. 게다가 미국은 중앙정부를 기준으로 정부지출 대비 문화예산의 비율을 살펴보면, 0.16% 수준으로 OECD 국가 중에서도 최하위권에 속한다.[15] 하지만 미국은 문화정책에 있어서 비정부주도형에 해당되며, 사적 영영을 통한 문화 서비스 제공이 당연시되어왔다는 점을 고려해야 할 것이다.[16] 즉 미국의 경우, 다른 많은 국가와는 달리 정부에서 예술, 문화 부분에 지원하는 비중이 상대적으로 적은 편이고, 중앙정부보다는 주 정부에서 제각각 지원이 이루어지고 있는 것이 특징이다. 그리고 이러한 배경 하에서 미국은 비영리조직을 통해 문화예술의 발

<그림 22> 할리우드의 상징

출처: http://noirbabes.com/precode/2012/08/26/1352/

---

15) 한국문화관광정책연구원. (2011). 「OECD 주요 국가의 문화예산 비교연구」 참조

16) 한국문화관광정책연구원. (2011). 「OECD 주요 국가의 문화예산 비교연구」 참조

전이 이루어져 왔다. 한국의 대학로나 인사동이 문화지구로 지정되는 등 정부의 개입이 눈에 띄는 반면, 미국 문화콘텐츠의 중심지인 할리우드, 브로드웨이, 소호와 같은 지역들에는 정부의 영향력이 크게 작용하고 있지는 않다는 점만 봐도 그 차이를 쉽게 알 수 있다. 미국의 콘텐츠 내용 또한 디자이너나 아티스트 개개인의 노력이 성공의 대부분을 차지할 뿐, 정부의 노력으로 만들어진 콘텐츠라고 보기에는 여러모로 힘들다.

그럼에도 불구하고, 미국은 1960년대에 국립예술기금의 설립과 함께 다양한 인센티브 제도를 통해 개인의 기부를 극대화시켜 왔다. 이에 따라 미국의 문화행정체제는 조정자형(Hillman-Chartrand and McCaughey, 1989)[17], 혹은 자유주의적 모형(Zimmer and Toepler, 1996)[18]으로 분류한다. 역사적으로 미국 정부가 드러내놓고 문화를 논의하지는 않았지만, 1960년대 이후부터는 서서히 공공 차원의 논의를 펼치는 등(문화관광정책연구원, 2011), '그림자 정부'와 같은 역할을 통해 미국의 문화 기반을 뒷받침하고 있었다고 볼 수 있다.

하지만 최근 문화산업의 영향력이 더욱 커지고 세계경제시장에서의 규모가 점점 커지면서 정부에서도 전보다 더 큰 관심을 갖고 이에 대한 정책적 지원을 늘려가고 있는 듯하다. 특히

---

17) Hillmann-Chartrand, Harry, and Claire McCaughey. (1989). The Arm's Length Principle and the Arts: An International Perspective-Past, Present, and Future. In *Who's to Pay for the Arts? The International Search for Models of Support*, ed. Milton C. Cummings and J. Mark Davidson Schuster, 43-80. New York: ACA Books.

18) Zimmer, A. and Toepler, S. (1996). Cultural Poli9cies and the Welfare State: The Cases of Sweden, Germany, and the United States. *The Journal of Arts Management, Law, and Society*, 26(3): 167-193.

2000년대에 접어들면서 "크리에이티브 아메리카 (Creative America)"라는 모토 아래 분화 창조산업을 뒷받침해 줄 수 있는 다양한 정책적 지원을 모색하고 있는 추세이다. 뿐만 아니라 전통적으로 부유한 개인의 기부금을 바탕으로 운영되어졌던 박물관이나 교향악단 등을 위해 사람들이 내는 기부금이나 예술 작품을 기부하는 경우 과세 대상 소득에서 감면되는 등의 세금 공제 혜택을 주어 사람들의 기부를 유인해내는 역할을 하고 있다.

3. 전 세계에서 찾아오는 미국의 관광지

미국은 또한 광활한 영토와 다양한 자연적 자원을 가진 국가로서 이를 십분 활용한 다양한 관광지가 있고, 이를 통한 관광산업 또한 크게 발달한 국가 중 하나이다. 화려한 도시의 풍경과 많은 호텔, 카지노 등으로 유명한 라스베가스의 경우, 네바다 주의 사막 한가운데 만들어진 지역으로 많은 관광객들이 찾는 미국의 대표적인 관광지이다.

특히 카지노를 중심으로 한 관광업은 최근 마카오, 싱가포르 등의 신생 카지노 지역의 성장에서도 드러난 것처럼 정부 차원의 막대한 세재 지원과 풍부한 인프라 제공이 필요하다. 지금의 라스베가스는 신흥 카지노 도시에 비해 조금 밀려난 부분이 있지만 여전히 대표적인 카지노 도시 중 하나일 것이다.

이처럼 라스베가스는 한때 미국의 대표적인 도박과 쾌락의 도시로 알려졌지만 아틀란틱 시티의 등장으로 많은 도박가들이 라스베가스를 떠났다. 하지만, 이후 라스베가스는 가족 단위의 관광객들도 즐길 수 있을만한 다양한 엔터테인먼트 요소를 제공하는 관광지로 거듭나고 있다. 원래 라스베가스란 지역 자체가 넓은 사막지대로 많은 사람들이 살던 곳은 아니었지만, 1930년대 정부의 후버댐 건설과 함께 사람들이 모이기 시작했고, 그 지역에 전기를 공급하는 것이 가능해지면서 화려한 불빛을 자랑하는 도시로 거듭나게 되었다. 결국 미국 정부의 각종 인프라 지원이 현재의 전 세계적인 명성의 라스베가스를 탄생시켰다고 할 수 있다.

<그림 23> 화려한 라스베가스의 야경

https://leagueofbikepolo.com/forum/general/2013/08/18/interbike-las-vegas

또한 미국은 그랜드 캐니언이나 나이아가라 폭포와 같은 자연적으로 만들어진 곳이나 뉴욕의 자유의 여신상, 하와이 오아후 섬의 진주만과 같은 역사적으로 의미가 있는 곳 등을 포함하여 총 58곳을 국립공원으로 지정하여 국가에서 관리하고 있으며 전 세계에서 찾아오는 많은 관광객을 위해 서비스를 제공하고 있다. 관광산업을 진흥시키기 위한 미국 정부의 노력은 상술한 문화예술 부문에 비해 더욱 정부주도적이다. 미국 정부는 관광정책을 개발하고, 관광산업을 진흥시키기 위해 상무부, 관광청, 관광정책심의회 등을 활용하고 있다. 특히 미국 관광청의 경우, 여타 국가가 관광자원 개발 및 각종 인프라 개선 업무를 수행하는 것에 반해 철저히 관광 산업을 진흥시키는 업무만 수행한다는 점이 특징이다. 따라서 미국 관광청은 미국관광의 홍보, 관광교류 증진을 위한 노력 및 편의서비스 제공을 통해 미국을 방문하는 관광객의 편익을 높이는 업무 등을 주로 담당한다.

<그림 24> 자유의 여신상

출처: 위키피디아

지난 오랜 시간 동안 미국은 세계적으로도 높은 관광산업

부문 경쟁력을 가진 것으로 유명했으나, 911사건 이후, 테러 예방 차원에서 미국 여행을 위한 비자 취득을 위한 조건을 보다 까다롭게 바꾸면서 전반적인 관광 산업이 주춤하기 시작했다. 미국으로 여행을 가고 싶어도 비자를 취득하기가 어려워져서 발길을 돌려야 하는 관광객들이 늘어났기 때문으로 보인다. 최근 오바마 대통령은 미국의 관광 산업을 다시 활성화하기 위해 비자 취득 과정을 간소화 하도록 했다. 또한 2010년 3월 오바마 대통령은 미국 역사상 최초로 국가 차원에서 적극 지원하는 '관광진흥법(Travel Promotion Act)[19]에 서명하면서 관광산업에 대한 미국 정부의 높은 관심을 보여주었다. 이러한 정책상의 변화가 다시 미국의 관광 산업을 발달시킬 수 있을지 지켜볼 필요가 있을 것 같다.

4. 미래를 위한 R&D 투자

R&D분야는 지금 당장의 결과물보다는 미래를 준비하고자 하는 성격이 강한 분야이다. 그렇기 때문에 투자의 결과물을 빠른 시일 내에 보기가 힘들고, 그 결과물이 항상 좋은 것일

19) 미국의 관광진흥법은 오히려 관광산업 진흥에 역효과를 주었다는 의견도 있다. 관광진흥법은 라스베가스 관광업계의 강력한 추진에 의해 입법화 되었는데, 동 법안은 비자면제프로그램 가입국 국민에게도 미국 방문시 $10의 수수료를 부과한다는 것을 주요 내용으로 하고 있다. 한국의 경우만 해도 연간 수백만 달러의 수수료를 미국 정부에 내야 하며, 이는 비자면제프로그램의 의미를 퇴색시키기 때문에 세계 각 국가의 불만이 높은 것으로 알려졌다. 게다가 미국은 최근 10년간 외래관광객 숫자가 줄어들고 있으며, 이는 9·11 이후 안보불안이 여전한 것도 주요 원인으로 꼽힌다. (관련 내용은 조선비즈, "글로벌 헤드라인, 4월 4일" (2012.04.04.) 및 한국일보, "무비자 미국 방문 때 10불 수수료" (2010.03.05) 등 참조)

것이라는 보장도 없다. 이러한 리스크가 크기 때문에 기업의 입장에서는 쉽게 R&D 분야에 큰 투자를 하기가 꺼려질 수밖에 없다. 하지만 사회의 안전 및 국가의 과학, 보건, 복지, 교육 등 다양한 분야의 지속적인 발전과 다른 국가들과의 차별적인 경쟁력을 기르기 위해서는 절대 가볍게 여길 수 없는 분야가 바로 R&D이다. 이런 상황에서 R&D 분야를 지속적으로 투자하고, 사회적으로도 이를 장려하는 분위기를 만드는 것이 한 국가의 정부가 해야 하는 역할일 수도 있다.

미국 정부가 R&D 분야에서 높은 순위를 기록할 수 있었던 것 역시 정부의 이러한 역할을 충분히 잘 해내었기 때문으로 볼 수 있다. 미국 정부의 R&D 분야 순위에 가장 큰 공헌을 한 것은 아마도 이 분야에 대한 정부의 큰 투자로 볼 수 있을 것이다. 미국의 R&D 분야는 중앙연방정부의 전폭적인 지원을 받는데, 지난 2009년을 기준으로 보았을 때, 미국의 R&D 분야 투자는 한국아 13.5배에 달한다고 한다. 투자된 금액은 국방, 보건 복지, 우주과학 및 순수 과학 등 다양한 분야의 연구에 활용된다.

주목해야 할 것은 국방부문의 연구개발투자가 단순히 전쟁 관련 무기 산업뿐만 아니라, 인문사회과학까지 어우르는 광범위한 차원에서 이뤄진다는 점이다. 이 부분은 공식 R&D 통계에도 잘 잡히지 않는 특성이 있다. 우리가 현재 사용하는 Fax, 복사기, GPS 등이 이미 오래전 이들 국방부문에서 개발되어 사용된 기술이라는 점을 주목해야 한다.

또한 미국과학연구재단 (National Science Foundation)과 같은 연구 재단을 통해 과학발전을 촉진하고자 함은 물론이고 연구자금이 여러 연구소 및 대학에 융통될 수 있도록 관리한다. 특히 사회과학분야에서는 외국대학원생들이 연구하도록 연구비를 지원하는 것을 보면, 암묵적으로 이를 통하여 친미파를 만드는 효과를 노리는 것으로 짐작된다.

정부의 큰 지원에 힘입어 미국에는 여러 대학과 다양한 분야의 연구소들이 여러 가지 연구를 활발히 진행하고 있다. 연구를 하는 시설들을 살펴보면 연구를 하기 위한 환경과 분위기, 그리고 시설 장비가 세계 어느 곳 보다 잘 갖추어져 있고, 대학교 내 연구생들에게는 다양한 장학금과 지원금을 대주는 곳도 많다. 이는 양질의 과학 분야 연구원들 배출과 훌륭한 연구 성과로 이어지고 있다. 그렇다 보니 세계 각국의 인재들이 연구를 위해 미국의 시설을 찾는 경우가 많고, 각국의 연구소나 대학 시설에서도 이러한 해외의 R&D 분야 인재들을 반기는 상황을 종종 볼 수가 있는 것이다.

<그림 25> 미국의 R&D 투자금액 및 GDP 대비 비중

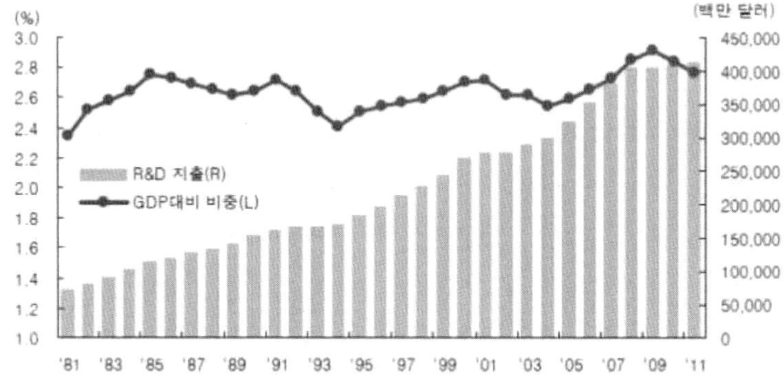

출처: KDB 대우증권 블로그 http://blog.naver.com/how2invest?Redirect=Log&logNo=110167619893

교육분야에서 우수한 성과를 보이는 것도 이런 고등교육의 우수성일 것이다. 하버드 대학과 같은 명문대학이 대부분 미국에 있고, 세계의 영재들이 몰려들고 있다. 이런 고등교육제도의 이면에는 정부의 노력이 있다. 대부분의 주립대학이 명문으로서, 주 정부의 보조금을 받고 있고, 주정부 정책에 의해 통제되고 있다.

미국 정부의 R&D 분야에 대한 전폭적인 지원에는 글로벌 시대에 다른 국가들과의 경쟁에서 미국이 우위를 선점하기 위해서는 과학 기술 분야와 혁신기업이 제대로 발전할 수 있도록 그 기반을 다져 주는 데 있다. 예컨대 NASA를 통해 우주항공 분야에는 천문학적인 예산이 소요되는 것은 잘 알려진 사실이다. 달나라는 물론이고 화성탐사 등 우주개발이 향후 어떤 결과를 가져올지는 누구도 정확히 예측하기 어렵다.

부시 행정부 시절 발표한 미국 경쟁력 강화 계획 (ACI)을 살펴보면 새로운 아이디어와 방법을 찾는 과학연구 활동의 활성화와 아이디어를 현실화할 수 있는 기술을 제공하는 강력한 교육시스템, 그리고 혁신적인 사고를 촉진하는 환경 조성에 초점을 두고 있다. 이를 위해 2016년까지 연방정부 소속 연구기관의 연구개발 투자규모를 2배로 증가시키겠다는 계획을 발표한 바 있다. 이 뒤를 이어 오바마 행정부에서도 `IT융합 헬스 뉴딜 정책`이라는 이름으로 의료기기 산업 보호를 위한 안전성과 신뢰성 규제를 강화하고 의공학 관련 연구에도 지속적인 투자를 아끼지 않고 있는 것으로 알려졌다. 미국모델에서 정부는 규칙만 정하고, 모든 것을 시장원리에 맡긴다고 생각하는 것은 오해이다.

5. 최대 탄소 배출 국가의 소극적 대응

세계 여러 선진국은 산업화와 함께 경제가 크게 발달해 왔다. 그리고 경제를 더욱 발전시키기 위해 거의 수단과 방법을 가리지 않았다고 해도 과언이 아닐 것이다. 지금 현재에도 지금 경제 수준을 유지하거나 더욱 발전시키기 위해서 다양한 방법으로 노력하고 있다.

하지만 이런 커다란 경제 발전의 이면에는 환경 파괴라는 대가가 있었다. 여러 산업의 기계화와 대형 공장들의 등장과 함께 수질과 공기의 오염이 심각해졌고, 숲이나 산이 많이 파괴되었다. 산업화 초기에는 사람들이 인식하지 못했지만, 최근에 지구온난화, 오존층 파괴 등의 문제가 등장하기 시작했고, 기후의 변화나 해수면 상승 등의 결과가 나타나면서 이는 한두

<그림 26> 1인 당 탄소배출량이 가장 큰 미국

출처: www.treehugger.com

국가의 문제가 아닌 전 세계적인 문제가 되었다는 것을 깨달아 가고 있다.

한편에서는 이러한 큰 환경문제의 해결을 위해서 다 같이 노력해야 한다고 주장하지만, 다른 한편에서는 환경 문제 해결이 경제적인 퇴보로 여기고 적극적으로 참여하지 않는 경우도 있다. 미국이 환경 문제에 대해서 종종 비판을 받는 이유가 바로 여기에 있다. 세계적인 환경 문제에 가장 큰 문제를 제공하고 있는 국가 중 하나임에도 불구하고 그 해결책에 적극적인 모습을 보이지 않기 때문이다.

<그림 27> 세계 이산화탄소 배출량

An atlas of pollution: the world in carbon dioxide emissions

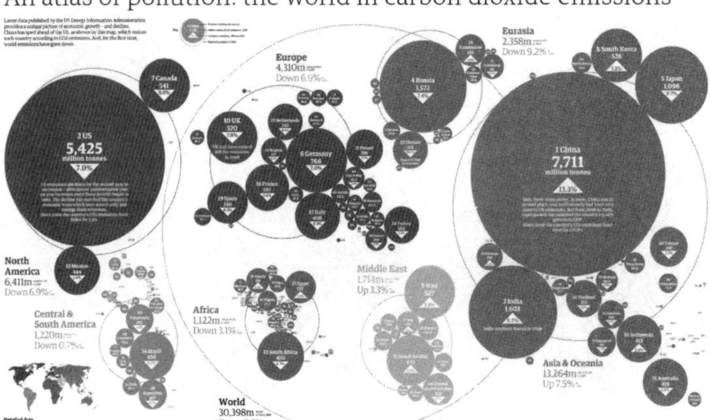

출처: http://www.theguardian.com/news/datablog/2011/jan/31/world-carbon-dioxide-emissions-country-data-co2#_

미국정부가 환경문제에 얼마나 소극적인 태도인가의 대표적인 예로 교토의정서 참여를 들 수 있다. 교토의정서는 1997년 채택되어 2005년에 공식 발효된 국제 협약이다. 선진국을 중심으로 2008년에서 2012년까지 1990년 기준으로 평균 5.2%의 온실가스 감축을 목표로 하고 있다. 청정개발체제, 공동이행제도, 배출권 거래제도 등의 방식으로 선진국의 온실가스 감축을 유도하는 형식을 취하고 있다.

하지만 교토의정서는 선진국을 중심으로 맺어진 협약이기 때문에 온실가스를 대량으로 방출하고 있는 중국과 같은 개발도상국에는 해당하지 않는다는 한계점 외에도 국제협약은 강제성을 가지지 못한다는 한계가 있다. 물론 지키지 않을 경우 다른 국가들의 눈치를 보게 되는 상황이 생기기 때문에 대부분 강한 강제성이 없이도 협약 내용을 지키고자 하지만 미국과 같이 다른 국가들의 눈치를 볼 필요가 별로 없는 초강대국의 경우는 이야기가 조금 다르다.

개발도상국으로 분류되어 온실가스 감축 의무를 지지 않아도 되는 아르헨티나와 카자흐스탄과 같은 국가들도 의무부담 참여를 선언했고, 칠레도 의무부담을 구체화하는 와중에 미국은 자국의 이익만 생각하는 이기적인 자세를 보이고 있다. 예를 들면, 기상재해를 입은 다른 국가들과의 농산물 무역을 통해 경제적 이익을 챙기고, 미국 본토 자체에 큰 숲이 많기 때문에 숲의 규모를 고려해서 온실가스 감축량을 책정해야 한다고 주장하는 것이다.

그러던 중 2001년에는 미국은 자국 산업의 보호를 명목으로 교토의정서에서 탈퇴한다고 선언하기에 이르렀다. 중국에 이어 세계에서 두 번째로 이산화탄소 배출량이 많으며, 1인당 이산화탄소 배출량은 세계 1위를 차지하고 있는 미국이 먼저 적극적으로 책임 있는 행동을 보이기보다는 회피하는 모습을 보여주는 것은 참으로 실망스러운 일이 아닐 수 없다.

지난 2013년 6월 오바마 대통령은 기후변화에 대한 대응 정책에 대해 발표한 바 있다. 그는 2020년까지 2005년 이산화탄소 배출량의 17%로 배출량을 줄이는 것을 목표로 할 것이며 행정부의 모든 발전소의 이산화탄소 배출을 규제하라고 지시하였다. 캐나다와 미국 잇는 원유 파이프라인 건설 계획 프로젝트인 '키스톤 XL' 역시 온난화 주범 온실가스의 추가 배출 없어야만 승인하겠다고 밝혔다. 미국 내에서는 정치적 반대도 있고 비판도 받고 있는 듯하지만 오바마 대통령의 발표를 통해 온실가스 감축 등의 효과가 나타나기를 바란다.

6. 부자들만 치료받을 수 있는 이 더러운 세상!

한국은 국민건강보험제도가 있어 일반 시민들이 비교적 저렴한 비용을 들여서 의료 치료를 받을 수 있는 국가이다. 그렇기 때문에 사람들은 가벼운 감기증상이나 큰 질병이 아닌 경우에도 쉽게 병원을 찾아 친절한 서비스를 받고 필요한 약의 처방전도 받을 수 있다. 물론 이렇게 사람들이 가벼운 질병에도 자주 병원을 찾아 진료를 받고 약을 처방받는 것 또한 단점이 있기 마련이다. 하지만 적어도 누구든 몸이 아프면 비용 걱정 없이 병원을 찾을 수 있다는 것만큼은 한국 의료서비스 제도의 큰 장점일 것이다.

미국의 보건복지 분야 관련 가장 큰 이슈 중 하나는 바로 의료보험제도일 것이다. 마이클 무어 감독의 2007년 다큐멘터리 영화 <식코>를 보면 미국 의료서비스 제도의 현실을 볼 수 있다. 무어 감독의 이 다큐멘터리 영화에서는 치료비를 지불하지 못해 치료를 받지 못하는 다양한 사람들의 사연을 소개하고 있다. 일하다가 손가락이 잘리는 부상을 당했지만, 수술을 받지 못하는 환자부터 캐나다의 무료 의료서비스를 받기 위해서 국경을 넘는 사람들까지 다양하다.

<그림 28> 영화 '식코'의 국내포스터

출처: 오마이뉴스 2008년 4월 4일
http://www.ohmynews.com/NWS_Web/view/at_pg.aspx?CNTN_CD=A0000870848

미국은 산업화한 국가 중 전 국민을 대상으로 하는 의료보험 제도가 없는 유일한 국가이다. 의료 서비스를 받기 위해서는 근무하고 있는 회사의 민간의료보험 혜택을 통해서 일부 보장을 받거나, 개인적으로 보험을 들거나, 혹은 비싼 치료비를 본인이 전부 지불해야 하는 상황이다. 직장을 통해 의료비를 일부 보장받는다고 해도 당사자가 내야 하는 비용은 여전히 만만치 않은 액수이고, 퇴직을 했을 경우 상황은 더욱 심각해진다. 특히 미국의 의료비 단가는 우리 나라에 비하여 엄청나게 비싸다. 감기 등 간단한 진료에도 100달러 정도 지불하는 것이 대부분이고, 수술 등은 그야말로 엄청나게 비싸다.

따라서 돈이 많고 여유가 있는 사람들은 비싼 보험에 가입하고 좋은 의료 서비스를 받을 수 있는 반면, 그렇지 못한 사람들은 다치거나 아프게 되면 당장 병원에 가는 것조차 힘든 상황이다. 미국에는 의료 보험의 보장을 받지 못하는 어린이들이 900만 명을 웃돌고, 매년 1만 8000여 명의 사람들이 치료비를 감당하지 못해 제대로 치료를 받지 못하고 죽어간다.

전 국민 무료 의료혜택을 제공하고 있는 이웃 나라 캐나다의 국민 평균 수명이 미국인보다 3년이나 더 길고, 쿠바의 영아 사망률이 미국보다 낮다는 조사 결과는 흥미롭다. 미국에서 충치 때문에 사망한다는 이야기가 그냥 웃어넘길 수만은 없는 대목이다.

이와 관련하여 최근 이슈가 된 것이 미국의 건강개혁보호법, 소위 오바마케어(Obamacare)라고 불리는 것이다. 의료보험이 없어서 간단한 의료 혜택조차 받지 못하고 있는 인구가 늘어가고, 이에 따른 불만과 문제 제기가 이어지자 미국 정부에서는 지금까지의 시스템과는 획기적으로 다른 대책을 내 놓은 것인데, 핵심 내용은 미국 전 국민의 의료보험 가입을 의무화하고 가입을 하지 않은 경우 벌금을 부과한다는 것이다. 개인의 사정과 필요에 따라 필요한 혜택과 보장을 받을 수 있는 보험을 선택해서 가입할 수 있으며 정부에서 일정 금액 보조금을 지급하게 된다. 또한 법으로 최저혜택을 지정하고 있어서 제일 저렴한 보험을 가입하여도 구급차 이용, 입원, 출산, 신생아 진료 등의 혜택을 보장받을 수 있게 된다.

<그림 29> 오바마케어 시행 시 예산규모 전망

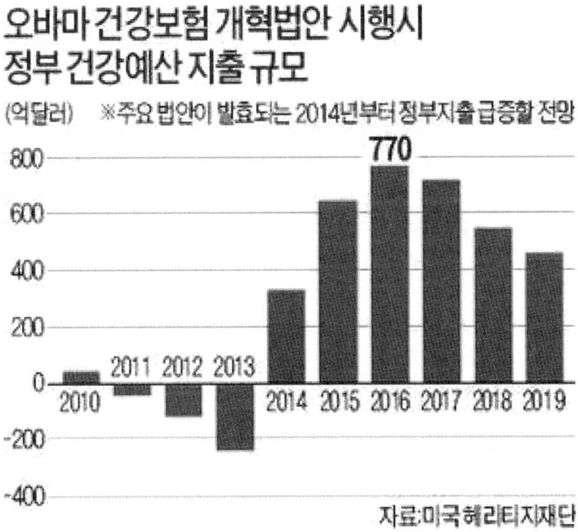

출처: 한국경제 2012년 6월 29일
http://www.hankyung.com/news/app/newsview.php?aid=2012062983451

이에 따른 가장 큰 문제는 예산 확보이다. 이미 한국에서도 전국민의료보험 제도로 인해 많은 돈이 지출되고 있으며 아마 이러한 문제는 미국에서도 예상되는 바이다. 뿐만 아니라 전국민 의료 혜택은 기본적으로 모든 국민이 서로의 건강을 책임지는 시스템인데, 저소득층에서야 환영받을 정책이지만 반대로 고소득층 입장에서는 그리 달갑지만은 않은 이야기이다. 의료보험에 대한 개인 선택의 자유를 침해한다는 이유로 대법원 소송까지 갔다고 하니 이번 오바마케어에 대한 반대 여론은 꽤 오래 지속될 것으로 보인다. 야당인 공화당의 비협조로 연방정부가 문을 닫는 사태까지 이른 것이 그 예이다.

제 4 장

스칸디나비아 모델: 노르웨이의 정부경쟁력

노르웨이는 북유럽의 스칸디나비아에 위치한 국가로서 정식 명칭은 노르웨이왕국(The Kingdom of Norway)이다. 외교부의 자료에 따르면 2012년 기준 노르웨이의 인구는 498만 명이며, 인구에 비해 넓은 국토를 가지고 있어 유럽에서 아이슬란드 다음으로 인구밀도가 낮다. 수도인 오슬로(Oslo)에는 약 59만 명이 거주 중이고 국민의 대다수가 노르웨이인으로 구성되어 있다.

정부경쟁력센터의 정부경쟁력 지수 결과에 따르면, 노르웨이는 종합 3위를 기록하였다. 북유럽권 국가를 비롯하여 유럽 전체 순위에서는 스웨덴에 이어 2위를 기록하였다. 특히 주목할 만한 것은 1위를 기록한 분야가 2개에 이른다는 점이다. 그리고 1위에 오른 두 분야가 통상적으로 동시에 발전하기 어렵다는 경제와 환경 분야라는 점이 눈길을 끈다.

<그림 30> 노르웨이의 지정학적 위치

(출처: 포털사이트 DAUM)

<표 9> 노르웨이의 정부경쟁력 순위

	종합	경제	교육	보건 복지	농업 식품	R&D	ICT	환경	문화 관광	총괄
노르웨이	3위	1위	7위	11위	21위	20위	5위	1위	26위	2위

노르웨이의 분야별 정부경쟁력지수를 살펴보면, 경제 부문과 환경, ICT, 총괄, 교육 부문에서 강세를 보였으며, 문화관광과 R&D, 농업식품 분야에서 약세를 보였다. 아래에서는 특히나 노르웨이 정부가 높은 경쟁력을 보이고 있는 경제, 환경, ICT 분야를 중심으로 관련된 정책적 사안이나 국가적 환경을 알아보도록 하겠다.

<그림 31> 노르웨이의 분야별 정부경쟁력 순위 노르웨이

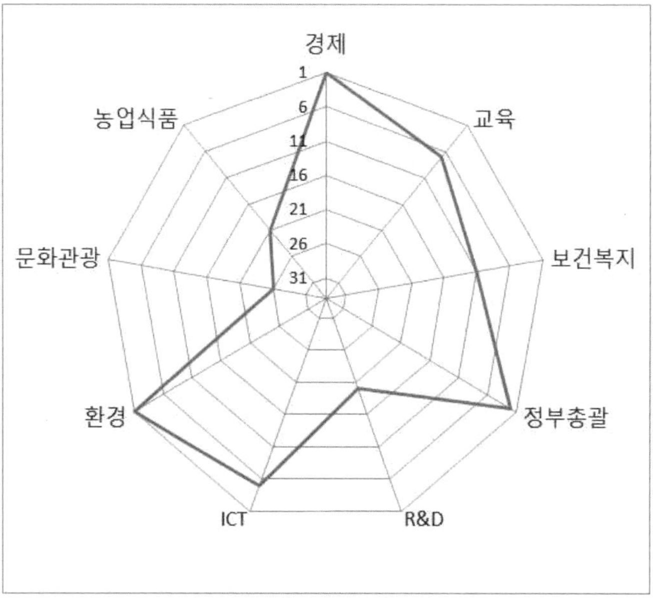

1. 일본 방사능 파동과 노르웨이산 해산물의 급습

2011년 3월 11일 오후 2시 45분, 일본 도쿄로부터 북동쪽으로 370km 떨어진 도호쿠 지방의 태평양 앞바다에서는 규모 9.0의 강도 높은 지진이 발생한다. 지진이 발생하고 얼마 뒤, 사상 초유의 쓰나미가 도호쿠 지방을 덮쳤다. 당시 쓰나미가 몰려오는 광경은 정말 충격과 공포 그 자체였다. 하지만 충격은 여기에서 끝나지 않았다.

전례 없는 대지진의 진앙지로부터 얼마 멀지 않은 후쿠시마 지역에는 4개의 원자력 발전소가 가동되고 있었다. 가장 큰 피해를 입었다는 제1 원전에서는 쓰나미로 인해 4~5m 높이의 침수가 발생하였다. 이로 인해 전원이 끊기고 냉각장치가 작동하지 않자, 일본은 냉각수를 대신해서 바닷물을 뿌렸다. 하지만 이러한 바닷물이 방사성 물질을 내포한 채 그대로 누출되고 말았다.

오염의 수준은 우리가 알다시피 심각했다. 일본 정부는 후쿠시마 원전의 사고 수준을 사상 최악의 원전사고로 알려진 1986년 체르노빌 사태와 같은 등급으로 공식 발표하였다. 이후 일본 정부는 여러 차례에 걸쳐 오염수를 바다에 방출하였고, 그때마다 전 세계 곳곳에 큰 반향을 일으켰다. 특히 일본으로부터 수산물 수입량이 많던 우리나라에서는 불안감이 최고조에 이르게 된다.

<그림 32> 일본 수산물 수입금지 운동을 벌이는 모습

출처: 뉴시스. 2013-09-17 14:03:23.[20]

20) http://www.newsis.com/pict_detail/view.html?pict_id=NISI20130917_0008677334 (검색일자: 2013년 11월 2일)

"일본산 수산물, 믿을 수 없다!", "정부는 전면 수입금지 조치해야 한다."라는 여론이 들끓기 시작했다. 주변에서는 "이제 해산물 안 먹으려고요."와 같이 불신감에 아예 바다에서 나는 음식은 먹지 않겠다는 반응도 속출했다. 일본과 가까운 우리나라 해역에서 잡힌 해산물도 믿을 수 없다는 이유에서였다. 정 끊을 수 없는 사람들 사이에서는 먹긴 먹되 해산물의 원산지에 대해 꼼꼼히 따지는 풍조가 퍼지게 되었다.

이러한 상황 속에서 언제부터인가 우리 밥상 차지하게 된 것은 국내산, 일본산이 아닌 다른 국가들로부터 수입된 해산물이었다. 특히 노르웨이산 고등어와 연어의 수입 증가세가 두드러진다.

노르웨이 수산물 위원회(Norwegian Seafood Council, NSC)의 자료에 따르면 2012년 노르웨이산 고등어 수입량은 전년 대비 19%나 증가하였고, 2013년에 들어서는 현재까지 전년 대비 약 15% 이상 증가한 것으로 집계됐다. 특히 올해 전체 고등어 수입량 중 노르웨이산이 44.3%를 차지할 정도로 높은 국내 점유율을 기록하고 있다.

필자가 자주 가는 생선구이 집의 사장님과도 비슷한 이야기를 하던 중 알게 된 사실은, 노르웨이산 고등어는 예전부터 식당의 식재료로 많이 쓰여 왔다는 것이다. 물론 일본의 방사능 문제로 인해 최근 반사이익을 보고 있지만, 애초에 소비자들에게 인기도 많았고 소비량도 많았다고 한다.

<그림 33> 주요 해산물 소비량 변화 (2012년 대비)

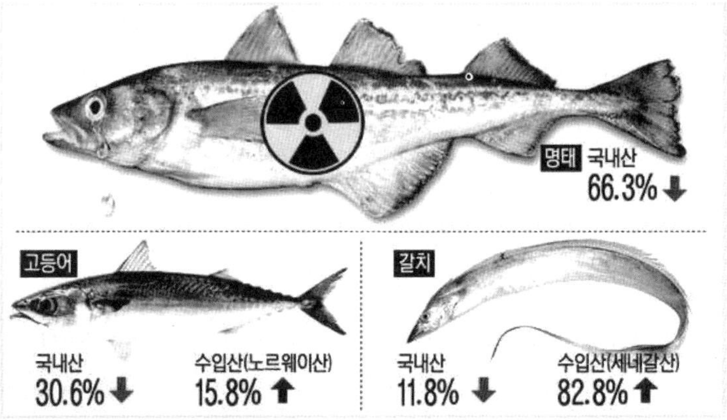

출처: 경인일보. 2013.09.09 21:14:49. [21]

필자는 이 이야기를 듣고, 새삼 우리나라에서 고등어가 상징하는 바를 떠올렸다. 사람마다 다르겠지만, 개인적으로 고등어를 떠올리면 어머니의 밥상이 떠오른다. 정갈한 밑반찬에 따뜻한 국, 거기에 고등어살 한 조각 밥에 얹혀 먹으면 세상에 이런 밥도둑이 따로 없다. 그만큼 고등어는 우리나라 사람 누구나 좋아하는 생선 중 하나로 꼽힌다. 워낙 대중적이다 보니 한동안 고등어의 가격은 김치를 만드는 배추 가격과 함께 생활물가를 가늠하는 잣대로 쓰이기도 했다. 얼마나 우리에게 친숙하면 대중가요로까지 나올까?

"한밤중에 목이 말라 냉장고를 열어보니
한 귀퉁이에 고등어가 소금에 절여져 있네

21) http://www.kyeongin.com/news/articleView.html?idxno=766636 (검색일자: 2013년 11월 2일)

어머니 코고는 소리 조그맣게 들리네
어머니는 고등어를 구워주려 하셨나보다
소금에 절여놓고 편안하게 주무시는구나
나는 내일 아침에는 고등어 구일 먹을 수 있네
어머니는 고등어를 절여놓고 주무시는구나
나는 내일 아침에는 고등어 구일 먹을 수 있네
나는 참 바보다 엄마만 봐도 봐도 좋은걸"

산울림의 「어머니와 고등어」 가사 中 일부.

2. 노르웨이 정부의 시기적절한 홍보 전략

그렇다면, 어떻게 어머니의 따뜻한 밥상이 그려지는 고등어가 아무런 거부감 없이 국산 위주에서 수입산 위주, 특히 노르웨이산 위주로 바뀌게 되었을까? 이러한 현상의 배경에는 앞서 언급한 노르웨이 정부인 수산물 위원회(NSC)의 역할이 매우 컸다. 일본 수산물에 대한 불안감과 공포가 확산되기 시작할 무렵, 노르웨이 정부는 수산물 업계와 손을 잡고 발 빠른 움직임을 가져갔다.

세계 연어 생산의 약 50%를 차지하고 있는 세계 1위의 연어 양식 및 가공 기업 '마린 하베스트(Marine Harvest)'가 일본, 대만에 이어 아시아에서는 3번째로 인천에 연어 가공 공장을 준공하였다. 이렇게 노르웨이 기업이 한국 시장 공략에 나서자, 정부 차원에서 대대적인 홍보 작업에 나선 것이다. 정부경쟁력이 한 나라의 수출정책의 효율적 집행에 얼마나 중요한가를 나타내주는 대표적인 예이다.

<그림 34> 노르웨이 정부의 공격적인 수산물 홍보 정책

출처: 아시아경제 2013.10.14 (월) 오전 10:30[22)]

특히 노르웨이 정부 내에서 우리나라의 무역투자진흥공사(KOTRA)와 비슷한 역할을 담당하는 노르웨이 수산물 위원회(NSC)는 특히 '안전성'을 강조하며 공격적인 홍보활동을 펼쳤다. NSC는 한국에 공식 블로그[23)] 를 개설하여 체험단 이벤트를 정기적으로 실시하는 등 주로 SNS를 활용한 국내 소비자들과의 커뮤니케이션을 강조하고 있다. 인터넷 사용률이 세계 최정상권이며, 국민의 대다수가 맛집을 추천받기 위해 블로그에 의존하는 우리나라에서 정말 탁월한 홍보 방법이 아닐 수 없었다.

또한 일본이 우리나라의 수산물 수입금지 조치를 풀기 위

22) http://view.asiae.co.kr/news/view.htm?idxno=2013101410284611971 (검색일자: 2013년 11월 2일)

23) http://blog.naver.com/norgeseafood

해 WTO 제소 카드를 꺼내자 노르웨이 외무부에서는 WTO에 압력을 가하는 등 외교적 조치도 동시에 수반하고 있다. 정부 경쟁력을 유지하기 위해서는 단편적인 정책이 아니라 다차원적이고 입체적인 전략이 필요함을 알 수 있다.

3. 노르웨이의 경제 구조

이쯤에서 궁금한 것이 노르웨이는 대체 어떤 나라이길래 지구 반대편에 수산물을 수출하기 위해 이런 노력을 하는 것일까? 노르웨이의 경제 구조를 살펴보면 해답이 나온다. 노르웨이는 세계 2위의 '1인당 GDP(국내총생산)'을 자랑하는 세계 최고의 부자국가이며, 7대 석유수출국 및 어업강국으로 꼽힌다. 2011년 기준으로 1인당 GDP가 96,590 달러로서 룩셈부르크에 이어 세계 2위를 차지하고 있다. 우리나라의 1인당 GDP가 약 2만 달러 정도인 것을 감안하면 대략 우리보다 5배 정도 잘 사는 나라인 셈이다.

<표 10> 노르웨이의 주요 경제지표(IMF, 2012; World Bank, 2011)

GDP	5,015억 달러
1인당 GDP	99,664억 달러 (OECD 국가 중 2위, 우리나라의 약 5배)
GDP 성장률	3.0%
실업률	3.1% (OECD 국가 중 1위, 낮은 순서)
수출	1,600억 달러
수입	891억 달러
주요 수출 품목	- 원유 및 천연가스 (GDP의 25% 차지) - 기계 및 운송장비 (GDP의 11% 차지) - 수산업 (중국에 이어 세계 어획량 2위)

노르웨이의 핵심 산업은 에너지산업으로서 세계 13위 석유 생산국이자 5위 수출국이며, 천연가스는 5위 생산국 및 3위 수출국이다. 따라서 노르웨이의 원유 및 가스로 인한 수입은 전체 GDP의 약 25%, 국가 재정수입의 약 33%를 차지하고 있다.

하지만 노르웨이 정부가 대단한 것은 1960년대 원유를 발견한 이후, 중동 지역과 같이 석유에만 의존하는 경제구조를 추구하지 않았다는 점이다. 석유에 지나치게 의존하여 경제구조의 불균형이 발생하는 것을 방지하기 위해 다른 분야에도 적극적인 정부 투자를 아끼지 않았고, 그 결과 현재 노르웨이를 어업 강국으로 올려놓았다. 게다가 노르웨이의 수산해양업은 과거 1800년대부터 노르웨이의 국민 80%가 종사해 온 분야이기도 하다. 당시에는 좁은 경작지와 낮은 소득수준 등의 자연환경의 한계로 선택할 수밖에 없었던 수산해양업을 노르웨이 정부는 지속적인 투자를 통해 현재의 수산업 강국으로 발전시켰다. 결과적으로 기존 노르웨이가 가지고 있는 자원과 역량을 꾸준히 발전시켰다고 볼 수 있으며, 이에 대해서는 노르웨이 정부의 기여도를 높이 평가해야 할 것이다. 노르웨이의 수산업은 노르웨이 국내에서는 석유, 석탄에 이은 제3의 핵심 산업이며, 그 규모가 유럽 최대로서, 주로 연안 어업과 양식업에 주력해오고 있다. 연간 50억 달러의 수출액을 자랑하며, 청어, 연어, 송어, 고등어 등이 대표 어종이다. 이중 55%가 유럽연합(EU)를 상대로 하고 있다. 한마디로 유럽의 수산업 강자이다. 반드시 공업만이 어느 나라의 경제를 이끄는 중심축이 되라는 법이 없는 것이다. 특히 인간의 가장 기본적인 욕구 중 하나인 '식(食)문화'를 이끄는 것은 장기적으로 안정적인 경제 경쟁력을 만들어낼 수 있다.

또한 노르웨이의 경제 분야 정부경쟁력에서 주목할 만한 것 중 하나는 바로 '국부펀드'의 운용에 있다. 노르웨이의 국부펀드는 약 850조원을 운용하면서, 전 세계 상장사를 대상으로 평균 1.25%의 지분을 보유하고 있다.[24] 특히 환경파괴, 대량살상무기, 아동노동 등과 같은 문제를 가지고 있지 않은 기업으로서 사회적 책임을 다하는 기업, 일명 윤리적인 기업에 투자한다는 기본 투자 가이드라인을 보유하고 있는 것으로 유명하다. 노르웨이의 국부펀드는 투자 가이드라인도 재무부에서 결정하며, 특정 국가나 기업을 투자 대상에서 제외하는 것도 역시 재무부에서 결정하는 등, 노르웨이 정부 차원에서 투자를 관리한다. 최근 우파 성향의 정부가 집권하면서 국부펀드의 조직개편을 논의하고 있는 것으로 알려졌지만,[25] 그동안 노르웨이 국부펀드의 우수한 투자역량이 노르웨이의 경제성장에 긍정적인 영향을 끼쳐온 것은 사실이다.

4. 노르웨이 정부의 수산업 정책 경쟁력

구체적으로 노르웨이 정부의 수산업 관련 정책을 살펴보면 그 높은 정부경쟁력에 혀를 내두르게 된다.

---

24) 박선미, "노르웨이 국부펀드 조직변화 앞두고 논란" 아시아경제(2013.11.12.)

25) 이자영, "850조원 굴리는 '노르웨이 국부펀드' 수술대로" 헤럴드경제(2013.10.15.)

우선, 세계 최초로 해양수산부를 설립한 나라가 노르웨이다. 노르웨이 해양수산부는 1946년에 설립된 이후 수산업에 필요한 기술을 개발하는데 많은 노력을 기울여왔다.

그러나 그보다도 더 강조하고 있는 것은 위생안전 관리 체계이다. 현재 노르웨이에는 약 1,300명의 식품 안전 관련 연구인력이 정부에 소속되어 있는 것으로 알려져 있다. 해당 업계에 대한 위생관리 및 규제 또한 엄격하여 한때 양식어종에 대한 항생제 사용 논란이 일자, 항생제 대신 백신을 놓도록 의무화 조치를 단행했다. 그 결과 현재 노르웨이 내에서 항생제 사용률이 0.003% 이하를 밑돌며 사실상 사용이 중지되었다고 한다. 노르웨이 정부의 빠른 결단력과 정책추진능력을 엿볼 수 있는 사례이다. 이뿐만 아니라 어류를 포획한 그 순간부터 가공 및 유통의 전 단계를 정부가 관리하고 있다. 위생에 취약하고 쉽게 부패하는 어류의 특성상 유통 과정에서 문제가 있는 수산물은 그 맛에서 확연히 드러나기 때문에 철저한 관리가 생명이라고 전해진다.

나아가 노르웨이 정부는 생산부터 유통까지 모든 과정에 대해 모니터링을 실시하고 있다. 그리고 이 조사 결과를 모두 인터넷 홈페이지에 공개하여 전 세계 소비자들이 무엇보다 '신뢰'가 핵심인 식품 분야에서 전 세계 소비자를 대상으로 한 노르웨이 정부가 구축한 높은 투명성은 노르웨이 수산업 경쟁력을 향상시키는데 큰 기여를 하였다고 볼 수 있다. 심지어 노르웨이 정부는 장기적인 안목에서 지속적인 공급이 가능하도록 양식 시기와 양까지 조절하고 통제하고 있다고 한다. 경제 부문의 정부경쟁력 1위, 정말 아무나 하는 것이 아니란 생각이 든다.

5. 산성비의 걱정이 없는 나라 노르웨이

놀랍게도 노르웨이는 경제 분야와 함께 환경 분야에서도 정부경쟁력 순위 1위를 기록하였다. 특히 노르웨이는 바로 세계에서 가장 산성비의 걱정이 없는 나라로 꼽히는데, 이는 온전히 산성비의 피해로부터 벗어나고자 했던 노르웨이 정부의 노력이 있었기 때문이다. 아래에서 대기오염과 산성비와 관련된 노르웨이의 환경정책을 소개하고자 한다.

<그림 35> 산성비로 인한 피해.
노르웨이도 한때 산성비로 인한 피해가 컸다.

1908년 1969년

출처: 네이버 지식백과. 재인용[26]

---

26) http://terms.naver.com/entry.nhn?cid=3430&docId=945121&categoryId=3430

6. 한 때 골칫거리였던 대기오염과 산성비

노르웨이가 처음부터 맑은 공기와 청정 환경을 자랑했던 나라는 아니다. 오히려 1980년대부터 1990년대까지는 점점 악화되는 대기오염과 그에 따른 산성비로 고생했던 국가이다. 산성비로 인한 피해는 다들 알다시피 금속이나 페인트, 콘크리트 등의 부식, 그로 인해 건물이 부식되는 문제였는데 특히 오래된 건물들이 산성비에 취약했다.

노르웨이는 위치상 지구의 북반부에 위치하고 있다. 지구의 북반부는 남반부보다 상대적으로 더 개발되어 있고 선진국도 많기 때문에 환경오염 문제도 더 심각하다. 따라서 노르웨이는 자연적으로 다른 나라의 대기오염 물질이 자국으로 이동해서 생기는 피해가 매우 컸다[27]. 노르웨이 정부가 1993년 조사한 결과에 따르면 자국의 산성비 원인의 약 90% 이상이 영국, 독일, 폴란드, 러시아 등으로부터 대기를 통해 유입되었다고 한다.

자, 내 탓도 아니고 이웃들이 하도 담배를 피우고 장작을 때서 우리 집 공기가 안 좋아진 이 상황에, 우리라면 어떻게 할까? 보통의 사람들이라면 옆집 사람들에게 담배 좀 그만 태우고, 장작 좀 그만 때우라고 협박을 하든 설득을 하든지 했을 것 같다. 그러나 노르웨이 정부는 달랐다. 본인들이 먼저 솔선수범하기 시작했던 것이다.

---

27) 안광일. 1999. 유럽에서의 월경대기오염관리에 관한 연구 - 노르웨이 model 을 중심으로 -.

<그림 36> 노르웨이 호수의 산성도 변화

출처: 노르웨이 물 연구소, 2009.

7. 주변 국가들을 끌어들인 노르웨이 정부의 솔선수범

노르웨이는 우선 자국 내에서 산성비의 원인이 되는 SO_2와 NO_x의 배출량을 줄이려는 노력을 선행하였다. 이와 함께 1973년 제네바 협약을 시작으로, 1985년 헬싱키 의정서, 1988년 소피아 의정서, 1991년 Espoo 협약에 이르기까지 국제 협약에 모두 솔선수범하여 참여함으로써 국제적 노력을 이끌어 내는 방식을 택했다.

1994년에는 아예 안방인 자국의 수도 오슬로에서 의정서를 체결시킴으로써 보다 직접적으로 주변 국가들의 오염물질 배출 삭감 노력을 촉구하였다. 노르웨이 정부는 바로 이러한 방식을 통해 효과적으로 자국의 대기오염 수준을 낮춰왔다. OECD의 「Environmental Data Compendium 2006/2007 Air」

에 따르면 노르웨이의 황산화물 배출원단위는 0.1로서 OECD 국가 중 1위를 차지하며 가장 낮은 것으로 나타났다. 노르웨이 대기오염 정책, 확실한 효과가 있었다. 또한 노르웨이의 환경 분야에 대한 각별한 노력은 부수적인 효과도 이끌어 냈다. 환경정책이 중요한 국가홍보 브랜드가 된 것이다. 이와 같이 한 분야의 정책은 그것으로 머무는 것이 아니고, 다른 분야에도 영향을 미친다.

8. 자전거의 천국, 노르웨이!

노르웨이는 자전거의 천국이라 불릴만한 여건을 갖추고 있다. 수도인 오슬로의 모든 도로에는 자전거 전용도로가 설치되어 있으며 심지어 국회의원들도 자전거를 타고 출퇴근한다. 그만큼 노르웨이는 자전거 타기가 보편화, 생활화되어 있는 국

<그림 37> 노르웨이의 자전거 도로(오른쪽) 모습

출처: 자전거21. http://www.pable.or.kr/rb/?mod=main

가로서 노르웨이가 환경 강국으로 손꼽히고 있는 중요한 이유 중 하나이다.

9. 자동차의 증가가 가져온 여러 환경 문제

노르웨이의 오슬로는 1990년대 이전까지만 하더라도 늘어나는 자동차로 인해 여러 심각한 환경문제를 고민하고 있었다. 특히 1960년대에 시행된 개인용 승용차 판매제한 철폐 조치[28]는 자동차 수의 급증으로 이어졌고, 정부는 교통 수요를 충족시키기 위해 새로운 도로를 늘릴 수밖에 없었다. 특히 교통이 집중되는 구시가지의 도심을 중심으로 도로 확장공사가 많이 실시되었으며, 기존 도심을 이루고 있던 주거지역이 파괴되기 시작하였다.

계속되는 자동차 증가는 오슬로 구시가지의 약 35%가 차도, 고속도로, 터미널 등으로 뒤덮이게 하였다. 이에 따라 도시에는 소음 및 대기 오염, 교통사고 등의 문제가 심각해진 것은 물론이다. 자동차와 도로가 잠식한 도시에는 상대적으로 녹지 시설과 공원 등이 감소하여 삶의 질이 악화되는 문제 또한 존재했다.

10. 해답은 도시계획과 자전거 활성화

갈수록 심각해지는 환경 문제를 해결하기 위해, 노르웨이 정부는 1993년부터 수도인 오슬로를 중심으로 각종 환경 개선

---

28) 매일신문. 2012년 10월 11일 기사. [공존의강] 공해 없애려 고속도로 외곽 이전…노르웨이 오슬로. (검색일자: 2013년 10월 29일)

정책을 내놓기 시작했다. 가장 먼저, 오슬로의 구도심을 살리고 도시미관을 재정비하는 것이 급선무였다. 주요 도로 및 고속도로들이 외각으로 재조정되었으며, 차도의 폭과 차선이 줄어들고 인도가 늘어나기 시작했다.

도로가 있던 자리에는 바다와 강, 숲이 연결되는 녹색길과 자전거 도로가 대신하게 되었고, 도로주변에는 조각 등 예술작품이 전시된 중세시대 풍의 공원들이 들어섰다. 효과는 바로 나타났다. 얼마 되지 않아 자전거 통행량이 2배 이상 증가하게 된 것이었다. 늘어난 자전거 수요에 발맞추어 이후 건설되는 육교의 경사는 모두 완만하게 설계되었고, 육교까지 자전거를 끌고 올라갈 수 있는 레일이 설치되기 시작했다.

<그림 38> 노르웨이 정부가 운영 중인 자전거 대여 시스템

출처: 자전거21. http://www.pable.or.kr/rb/?mod=main

자전거 통행량의 증가에는 정부에서 직접 운영하는 공용 자전거 대여 시스템도 한몫했다. 노르웨이 정부는 오슬로 시 곳곳에 파란색 공용 자전거가 비치된 정류소를 마련하고 언제 어디서든 자전거를 대여하고 원하는 곳에 반납할 수 있도록 시스템을 구축했다.

시민들이 1년에 우리나라 돈으로 1만 5천 원 가량의 사용료만 내면, 자전거를 구입하지 않고도 자유롭게 자전거를 이용할 수 있도록 했다. 이는 현재 모든 도로에 자전거 전용도로가 설치된 오슬로에서는 1만 5천 원만 지불하면 1년 동안 도시 어디든 통행할 수 있다는 것을 의미한다. 자동차나 기차를 타지 않아도 그리 불편하지 않다는 것이다. 1년간 자동차를 몰며 들어가는 돈을 생각해 본다면 이건 정말 뿌리칠 수 없는 유혹이다. 자전거를 타며 소모될 칼로리와 건강해질 몸은 덤이다.

11. 환경친화적인 대중교통 체계

이와 함께 노르웨이의 오슬로의 주요 대중교통 수단은 버스가 아닌 트램(Tram car)으로 구성되어 있다. 교통수단으로서의 트램은 속도만 보장된다면 일반적으로 버스보다 높은 수용능력과 빠른 승하차, 낮은 배기가스 방출량 등 다양한 장점이 존재한다.

노르웨이 정부의 친환경적인 교통체제를 개발하려는 노력은 필사적이었다. 예컨대, 교통 혼잡을 유발하는 병원 등 각종 시설들이 들어설 때에는 교통수요의 50%가 대중교통으로 흡수된다는 전제조건이 성립되어야만 허가를 내주었다. 이 조건에 따라 트램라인을 형성하였으며, 노선 주변에는 녹지를 조성하는 등 적극적으로 트램을 활용하고 있다.

<그림 39> 노르웨이의 대중교통 수단 트램

12. ICT 강국? 우리나라가 최고 아니었던가?

흔히 우리나라가 세계에서 높은 경쟁력을 보이는 분야가 무엇인지 논의할 때마다 빠지지 않고 등장하는 분야가 있다. 그것은 바로 ICT분야로서, 세계적인 글로벌 기업으로 성장한 삼성전자, 높은 인터넷 보급률과 국민 누구나 자유롭게 접속이 가능한 인터넷 환경, 인터넷 망의 빠른 속도 등 눈에 보이는 면에서 혹은 적어도 우리가 체감하고 있는 바로는 대한민국의 ICT 경쟁력은 높다고 인식되고 있다.

그러나 정부부문에서의 ICT 경쟁력 이야기로 넘어오면 상황이 좀 달라진다. ICT 분야의 정부경쟁력은 높은 인터넷 보급률과 글로벌 IT 기업의 성장 등과는 별개로 정부가 ICT 관련 법이나 제도를 잘 갖추고 있는지, ICT 분야에 대한 국가적 R&D 투자가 잘 이루어지고 있는지, 정부가 ICT의 기능을 남용하고 있지는 않는지가 중요한 요소로 평가되고 있기 때문이다.

13. ICT 분야 정부경쟁력은 다르다!

2009년 영국의 경제정보 분석 기관인 EIU(Economist Intelligence Unit)에서 발표한 ICT 경쟁력 순위에 따르면 조사 대상인 66개국 중 우리나라는 16위를 차지했다. 또한, 우리나라는 OECD 국가들을 대상으로 한 정부경쟁력 지수의 ICT 분야 순위에서는 10위를 차지하고 있다. 우리나라는 스스로 ICT 경쟁력이 높다고 생각해왔는데, 실상은 그렇지 않은 셈이다. 우리의 예상과는 달리 상위권에는 유난히 눈에 띄는 국가가 있다. 바로 노르웨이다.

노르웨이는 EIU의 ICT 경쟁력 순위에서는 66개국 중 10위를, 정부경쟁력센터의 ICT 분야 정부경쟁력 순위에서는 OECD 국가 중 5위를 차지했다. 두 가지 모두 우리나라의 순위를 훨씬 웃도는 수준이다. 그렇다면 정부부문에서 노르웨이의 ICT 분야의 강점은 무엇일까?

가장 먼저 노르웨이는 정부가 ICT 산업을 지원하는 측면에서 가장 높은 점수를 기록하고 있었다. 또한 노르웨이 역시 우리나라와 마찬가지로 ICT 인프라 확충이 잘되어 있으며, 인터넷 보급률 면에서도 세계에서 상위권에 꼽힌다. 특히 최근

ICT 인프라 측면에서 경쟁력을 평가하는 중요 요소로 떠오르고 있는 브로드밴드 가입자 수가 인구 100당 34.0명으로 주요 ICT 강국인 스웨덴(37.3명), 핀란드(30.6명) 등과 어깨를 나란히 하고 있다.

그러나 가장 주목해야 할 점은 노르웨이의 ICT 관련 법·제도 수준이 높은 평가를 받고 있다는 것이다. 이는 노르웨이 정부가 2000년부터 'e-Norway'라는 이름으로 실시하고 있는 국가적 ICT 정책의 역할이 컸다. 이 정책의 주요 내용에는 점차 지식경제사회로 변모해 나가는 세계적 흐름에 발맞추어 ICT에 대한 R&D 투자를 대폭 늘리는 등의 노력을 포함하고 있기 때문이다.

14. 높은 ICT 정부경쟁력의 요건 - 국민을 대하는 태도

노르웨이 정부의 진정한 ICT 경쟁력은 ICT를 활용해 국민들을 대하는 방식에 있다. 하드웨어 위주인 우리나라와는 다른 차원에서 이뤄진다. 해외 IT 전문매체인 '벤처비트'는 백그라운드체크(BackgroundChecks.org)에서 조사한 자료를 토대로 자국민의 프라이버시를 가장 잘 보호하는 상위 국가 5개와 하위 국가 5개 국가를 선정했다.

주요 평가 기준상 가점 요인으로는 1) 프라이버시 관련법이나 정책 존재 여부, 2) 그 법을 어겼을 때 벌금을 부여하는지 여부, 3) 정부가 표현의 자유를 보장, 4) 정부가 국민들의 인터넷 접속을 제한하지 않을 경우 등이다. 감점 요인으로는 1) 정부가 스파이웨어를 사용, 2) 정부가 인터넷을 검열하는 경우 등이다.

선정 결과에 따르면 상위 5개국에는 스페인, 체코, 아이슬란드 등과 함께 노르웨이가 포함되며, 노르웨이 정부가 단순히 ICT 관련 인프라나 하드웨어 측면에만 치중하는 것이 아닌 실제 활용에서도 민주적인 방향을 취하고 있음을 드러내며 진정한 ICT 강국임이 입증되었다. 인터넷 보급률은 높아졌지만 언제부터인가 표현의 자유가 억압되고, 인터넷 검열에 대한 논쟁이 등장하며, 심지어 사이버공간을 활용한 정치 공작 및 선거 조작 논쟁으로 번지고 있는 우리나라의 현실을 생각하면, 노르웨이의 ICT 정부경쟁력은 시사하는 바가 크다고 할 수 있다.

제 5 장

벤츠와 같은 정부경쟁력: 독일

독일(독일연방공화국: The Federal Republic of Germany)은 베를린을 수도로 두고, 인구 8174만 명(세계 16위), 총면적 356,910㎢(세계 63위)이며, GDP는 3조 4787억 원으로 세계 4위에 해당하는 국가이다. 인종은 게르만족이며, 종교는 신교가 31%, 구교가 32%, 이슬람교가 4%이다.[29)]

29) 외교부 국가 및 지역정보 http://www.mofa.go.kr/countries/europe/countries/20110808/1_22841.jsp?menu=m_40_50_20

<그림 40> 독일의 지정학적 위치

출처: 포털사이트 DAUM

독일은 히틀러와 나치즘이라는 역사적 과오를 가지고 있다. 독일민족 지상주의를 바탕으로 1933년 히틀러가 수상으로 권력을 잡은 후 600만 명이 넘는 유대인들을 학살한 것이다. 여전히 독일에는 네오나치즘이 존재하고 실업난을 외국인의 탓으로 돌리면서 테러를 저지르고 있고(Naver 지식백과)[30], 극우활동에 가담하고 있는 인원수가 약 39,000명에 달하고 있다.(외교부, 2008)[31]

그러나, 이런 역사적 문제에 대해서 독일정부는 일본정부와는 달리 명시적으로 사죄하고 잘못을 인정하였다. 과거와의 단절을 통해, 신뢰를 회복하는 전략이다. 역사를 의도적으로 숨

30) 네이버 지식백과
http://terms.naver.com/entry.nhn?docId=957173&cid=3079&categoryId=3079

31) 외교부(2008), 독일 극우주의 동향
http://www.mofa.go.kr/countries/europe/countries/20110808/1_22841.jsp?menu=m_40_50_20#contentAction2

기려는 일본과는 대조적이다. 독일정부 경쟁력의 저변에는 이런 국제적 신뢰가 자리하고 있다. 유럽연합(EU)의 큰형 역할을 할 수 있었던 것은 바로 이들 유럽연합구성국가가 독일을 의심하지 않는 두터운 신뢰에서 가능한 것이다.

독일정부의 경쟁력은 통독과정을 보면 알 수 있다. 즉, 독일통일도 독일정부의 끊임없는 노력 때문에 가능하였다. 소련의 고르바초프가 추진한 개방과 개혁정책(페레스트로이카)에는 콜(Kohl)수상의 영도력하에 있는 독일정부의 직간접적 영향이 있었다. 동구권 국가들이 소련의 영향을 벗어나면서 민주화를 추진하게 된 것이다. 동독도 자유선거와 민주화를 추진하여 마침내 1990년 10월 3일 마침내 민족통일을 이끌어 내게 되었다.

<그림 41> 독일 통일 (베를린장벽 위에 선 시민들)

출처: 포털사이트 NAVER

독일은 통일 이후 막대한 재정부채문제와 실업률로 국가경제가 심각한 타격을 입었다. 하지만 최근 들어 독일경제는 안정적인 성장세로 돌아서고 있으며, 2008년 미국발 세계금융위기로 인해 2009년 경제상황이 악화되었음에도 불구하고 빠른 회복을 하였다. 수상민주주의에 근거한 안정된 정치환경을 조성하는 독일정부의 경쟁력이 돋보이는 부분이다.

독일은 정부경쟁력센터에서 조사한 정부경쟁력 순위에서도 OECD 34개국 중에서 종합 6위를 차지하였다. 세부지표에서 독일은 경제, 교육, R&D, ICT, 문화관광, 총괄에서 상위권에 속하고 있다.

<표 11> 독일의 분야별 정부경쟁력 순위

	종합	경제	교육	보건복지	농업식품	R&D	ICT	환경	문화관광	총괄
독일	6	2	4	23	14	4	9	17	1	13

이러한 독일의 정부경쟁력은 다른 기관에서 발표하는 국가경쟁력의 지표에서도 유사한 경향이 나타나고 있다. 우리나라의 산업정책연구원이 2010년에 발표한 국가브랜드 가치평가에서도 독일이 6조 4,956달러를 기록해 2위를 차지했었다. 미국(1위: 10조 6510억 달러), 독일(6조 4,956달러), 영국(3조 2002억 달러), 일본(2조 7686억 달러) 등이 었으며 한국은 10위를 기록했다.(산업정책연구원, 2010)[32] 시장경제를 택하고 있

32) 자료는 산업정책연구원이 2010년에 발표했으며, 매일경제 2010년 12월 8일 자 기사에 내용이 소개되어 있다.

는 미국과는 달리, 독일은 정부주도하의 사회민주주의적 시장경제를 택하고 있다는 점에서, 정부의 경쟁력이 브랜드값의 중요한 몫을 차지한다고 하겠다.

이 밖에도 중국 사회과학원의 도시경쟁력 연구센터가 2010년에 발간한 국가경쟁력 청서는 경제총량, 경제효율성과 구조, 발전 잠재력, 혁신능력 등의 분야를 반영하여 100개국의 1990~2008년까지의 자료를 종합하여 국가경쟁력 청서를 발표했다. 종합 1위는 미국, EU(유럽연합)와 일본이 2·3위였다. 독일은 6위였다. (조선일보, 2010. 10. 27)

또한 세계경제포럼(WEF)이 2013년에 국가경쟁력을 평가한 결과에서도 스위스, 싱가포르, 핀란드에 이어 독일이 4위를 차지했다.

<그림 42> 독일의 분야별 정부경쟁력 순위

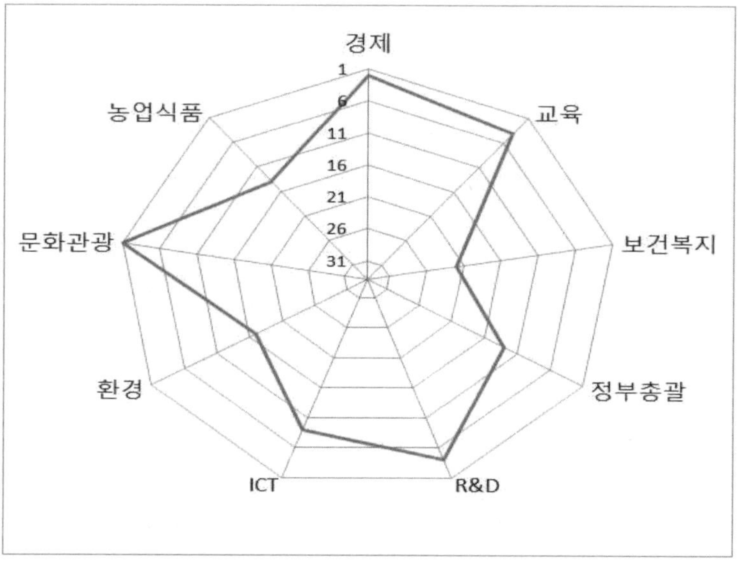

전반적으로 독일은 분야별로 경쟁력이 평균 이상인 경우가 많았다. 특히 문화관광, 경제, 교육, R&D의 경우에는 OECD 국가들 중에서도 가장 높은 경쟁력을 나타내고 있다. ICT, 총괄, 농업식품 분야도 상위권에 위치하고 있으며, 상대적으로 경쟁력이 낮은 환경과 보건복지도 OECD 국가 평균보다는 상위에 위치하고 있다.

2013년에 정부경쟁력센터에서 발표한 정부경쟁력 총괄 부분 순위에서 독일은 13위를 차지하고 있다. 독일의 경우 정부경쟁력을 향상시키려면 정부 전체의 운영인 총괄부문, 환경, 보건복지 등 취약분야에 보다 정책적 노력을 기울여야 할 것이다.

이하에서는 독일의 정부경쟁력을 각 분야에 초점을 맞춰서 분석을 진행할 것이다.

1. 독일의 탄탄한 경제: 중소기업과 정부의 지원

독일의 경제분야 정부경쟁력은 OECD 국가 중 최상위에 위치하고 있다. 독일은 인구 약 8174만 명으로 세계 16위, 면적 357,112㎢으로 세계 63위, GDP 3조 4787억 달러로 세계 4위에 해당한다.[33] 1인당 GDP는 40,669달러에 달한다. 이러한 수치에서 알 수 있듯이 독일의 경제력은 매우 강하다. 미국이라는 경제강국, 중국의 부상으로 인해 사람들의 이목이 상대적으로

33) 외교부 "국가정보"
http://www.mofa.go.kr/countries/europe/countries/20110808/1_22841.jsp?menu=m_40_50_20

독일에 많이 집중되어 있지는 않지만 독일은 세계경제 및 EU(유럽연합)에 막강한 영향을 미치고 있다. 독일경제의 경쟁력은 벤츠만큼이나 탄탄하다.

현재 독일경제의 우수성은 통일 이후 GDP성장률이 감소하여 1993년에는 마이너스 성장률을 나타냈음을 보면 더욱 잘 이해할 수 있다. 당시 OECD 국가의 평균 성장률이 플러스 2% 정도임을 감안하면 매우 좋지않은 경제상황이었음을 알 수 있다. 실업률도 6%~8%를 오가는 상황이었다. 미국 등 다른 선진국들이 아무런 큰 충격이 없었는데도 불구하고, 독일경제에 비하여 성적표가 낮은 것은 바로 정부의 두드러진 역할이 이면에서 작동하였다는 것이다.

독일은 2008년 미국발 금융위기상황으로 인해 2009년 급격히 감소한 GDP성장률을 2010년에 다시 성공적으로 회복하였다. 정부경쟁력센터에서 발표한 독일의 경제정책분야 지표도 OECD 34개국에서 2위에 해당한 것을 알 수 있다. 이러한 독일경제의 저력은 어디서 나타나는가?

독일은 효율적이고 탄탄한 중소기업이 독일 경제를 이끌고 있다. 이코노미스트지(Economist) 2012년 4월호에는 독일의 1인당 국민소득이 2030년에는 1위가 될 것으로 예상하고 있을 정도이다. 보고서의 핵심요지는 "독일이 제조업 경쟁력이 강하고 고용이 안정되어 있으며, 수출 중심의 경제구조에 경상수지 흑자국"이라는 점이다.(OECD 한국, 2012)[34] 정부의 중

---

34) OECD 한국 "독일경제개혁과정과 시사점"
http://www.nhrd.net/board/view.do?boardId=BBS_0000007&dataSid=22955&menuCd=DOM_000000102006000000&orderBy=register_dt%20

<그림 43> 독일의 GDP 성장률과 실업률

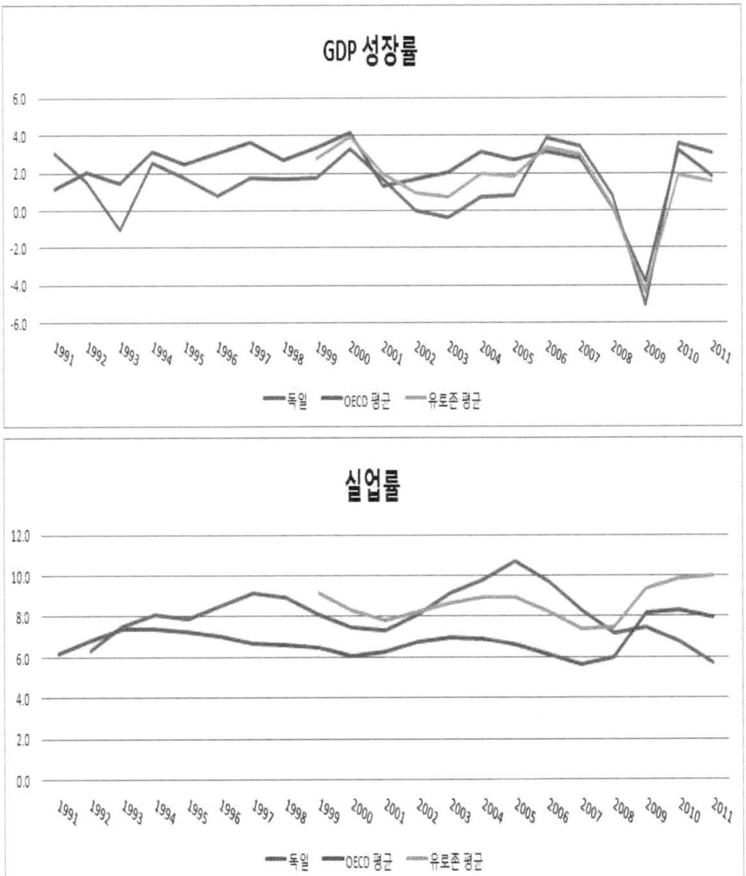

자료 : OECD Economic Outlook No.91 Database, OECD 대한민국 대표부 보고서

소기업 우선 정책이 주효했던 것이다.

독일 중소기업의 저력은 KBS스페셜 931회(2013년 1월 27일 자 방송분)의 방송내용에서도 잘 알 수 있다. 방송내용에서

DESC&startPage=20

는 미국발 금융위기와 유럽재정위기로 인해 세계경제가 위기에 빠져있는 상황에서도 독일은 경상수지 흑자 세계 1위, 수출 1위 품목 숫자 세계 2위는 세계 최고 수준의 독일 중소기업에 의해 가능했다고 소개하고 있다. 구체적으로는 독일정부의 제도적 지원과 중소기업의 원만한 노사관계가 성과를 뒷받침하고 있다고 분석하고 있다.[35)]

독일은 공동경영제가 정책된 나라이다. KBS 프로그램은 BMW의 사례에서 BMW의 성공은 노사가 함께한 결과라고 분석하였다. 1993년 위기를 겪었지만 노사가 협의를 하여 호황기에는 초과 노동시간을 저축하고, 일이 없을 때에는 출근하는 대신 이전에 저축한 노동시간만큼 임금을 받을 수 있는 형태로 운영되고 있다. 즉, 근로시간계좌제를 적용하였다는 것이다. 이러한 강한 중소기업은 노사 간의 신뢰를 통해서 형성되어 온 것이다. 여기에 독일정부의 중소기업 지원정책도 많은 역할을 하였다. 2009년 경제위기 당시에 큰 어려움에 봉착한 여러 기업에게 정부는 임금보조 등의 방법을 통해서 위기를 극복하는데 도움을 주었다.

정부의 교육시스템도 중소기업을 유지하는 밑바탕이 되고 있다. 우리나라와 같은 학벌 위주의 교육이 아니라, 실제 직업과 연결되는 실무형 교육체제가 정착되어 있다. 이러한 독일의 공교육은 세계에서 부러워하는 정도이다. 독일에서는 대학에 진학하지 않는 학생들은 중고등학교 때부터 기업의 견습공으

---

35) KBS스페셜, "제2편 중소기업의 나라, 독일"
http://www.kbs.co.kr/1tv/sisa/kbsspecial/view/vod/2091248_61698.html

로 일하면서 훈련을 받고 이후 이곳에 취직하고 있다. 즉, 기업이 자체적으로 교육을 시키고 인력수급을 하고 있는 것이다.(KBS 스페셜)

상술하였듯 독일의 강한 중소기업은 이렇게 경제를 뒷받침하고 있다. 2012년 OECD 대한민국 대표부[36]에서 최신 보고서로 제출한 "독일경제의 경쟁력과 시사점"에서 독일경제의 강점을 잘 소개하고 있다. 보고서에서는 독일이 1989년 통일의 후유증을 겪다가 2003년부터 독일정부의 지속적인 개혁의 성과가 나타나면서 유럽경제의 엔진 역할을 하고 있다고 분석하였다.

이처럼 독일 정부의 개혁노력과 정책은 독일 경제를 지탱하는 강한 중소기업을 발전시키는데 많은 기여를 하였다. 구체적으로 2002~2005년까지 하르츠 입법을 통해서 고용을 촉진하도록 행정시스템을 개선하고 저소득 소규모 직업의 탄생, 연금 및 의료보험의 개혁을 실시하였다. 또한, 아젠다 2010을 통해서 복지문제 즉, 실업, 의료, 연금 등에 대해 과감한 개혁을 실시하였다. 독일이 2008년 경제위기를 극복하고 경제를 빠른 시일에 회복할 수 있었던 것은 독일 정부가 'Agenda 2010' 등을 통해서 강력한 개혁을 실시하였기 때문으로 볼 수 있다.

독일의 이러한 개혁은 2008년부터 실업률을 OECD, 유로존 평균보다 낮출 수 있었으며 개혁 초기 10%를 넘었던 것을 6% 아래로 낮추었다. GDP 성장률도 세계경제위기가 있었던 2009년 이후 빠르게 안정적인 상황으로 회복한 것을 알 수 있다.

---

36) http://oecd.mofa.go.kr/korean/eu/oecd/policy/resultpaper/index.jsp

또한 독일은 최근 산업 4.0(Industry 4.0)을 발표하였다. 현대경제연구원에 따르면 독일은 ICT와 제조업의 융합을 통해서 스마트 공장을 만들어 산업생산성을 향상시키자는 정책을 추진하고 있다. 탄탄한 중소기업을 기반으로 하는 독일경제는 좀 더 나은 생산성을 위해 변신을 시도하고 있는 것이다. 이러한 정부정책의 결과, 전 세계에서 제조업분야 부가가치비율이 2011년 6.5%로 1995년 8.9%에 비해서 낮아졌고, 세계수출시장 점유율도 2011년 8.9%로 2000년 초반 9.5%에서 낮아지고 있다.(현대경제연구원, 2013)[37)]

이러한 상황에서 독일 정부는 제조업의 진화전략으로서 Industry 4.0을 발표하고 창조경제구현을 위해 기존의 제조업과 관련분야(IT등)와의 융합을 시도하고 있는 것이다. IT를 실제 산업현장에 접목하는 독일의 우수성이 돋보인. 이 정책의 결과, 향후 더욱 경쟁력 있는 국가가 될 것으로 예상된다.

2. 기업과 R&D

독일은 중소기업에서 시작하여 세계적인 기업이 된 사례가 매우 많다. 아래의 그림은 BMW, 벤츠, 폭스바겐, 지멘스, 알리안츠, DHL 등의 브랜드 가치를 평가한 것으로 1위인 BMW는 23조 원에 달하고 있다. 아무리 제조업은 가고 서비스 산업의 시대라고 하지만, 독일은 우직하게 제조업의 경쟁력을 유지하고 있다. 아래 그림에서와 같이 10대 기업 중 제조업 관련 기업이 최상위에 위치하고 있음을 알 수 있다.

---

37) 현대경제연구원, "독일의 창조경제: Industry 4.0의 내용과 시사점"

<그림 44> 독일기업 브랜드 Top 10

출처: 브랜드 파이낸스, "가장 가치 있는 독일기업 브랜드 top 10"

독일은 유럽 내 다른 선진국과 비교하여 볼 때, 상대적으로 제조업의 비중이 높고, 서비스업 등의 비중은 낮은 편에 속한다. 제조업에서 차지하는 에너지산업의 비중은 9%(2007년 기준)로 전체 GDP의 2.38%(518.4억 유로)를 차지하고 있다. 특히 제조업에서 철강, 시멘트, 자동차 조선 등 에너지 다소비 업종의 분포가 높아 에너지자원의 확보가 매우 중요한 산업구조로 되어 있다.

독일은 2000년대 후반 세계 경제 위기 속에서 EU의 탄탄한 버팀목이 되어 주었다. 이는 독일의 탄탄한 경제력이 기반이 되었다. 여기에는 독일 제조업의 강한 경쟁력이 큰 몫을 차지한다. 독일이 기술 강국의 지위를 계속 유지하는 비결은 산,

학, 연의 유기적인 R&D 협력체계에서 찾아볼 수 있을 것이다.

독일은 BMW, 메르세데스-벤츠, 폭스바겐, 시멘스 등 대기업 뿐만 아니라 우수한 기술력을 가진 작지만 강한 중소기업들이 많이 존재하고 있다. 이들 중소기업은 자체적으로 기술을 개발하기에는 인력과 비용에서 어려움이 따를 수 있다. 따라서 대학이나 연구소와의 협력이 중요해진 것이다. 또한 정부는 이러한 산학연 협력을 지원하기 위해 절차를 간소화하고 비용을 지원하는 방식으로 R&D를 뒷받침하고 있다.

2000년대 후반 세계 경제위기 이후 많은 국가가 경제침체의 늪에 빠져있었지만, 독일은 경제위기를 빠르게 극복하고 성장세를 유지하고 있다. 학자들은 독일이 경제위기를 극복한 동력으로 정부의 R&D에 대한 높은 투자에 집중하고 있다. 정부의 R&D에 대한 많은 투자, 산학연의 유기적인 협력체계, 민간의 자율적인 R&D 투자 장려를 통해서 탄탄한 경제를 구축하였다는 것이다.

3. 세계수준의 정부의 지원과 역할

세계은행(World Bank)이 2013년에 발표한 "Doing Business"의 결과에 따르면 독일은 전체국가(185개국) 중에서 종합 20위를 차지하였다. "Doing Business"는 기업이 사업을 하기 위한 환경과 관련한 내용을 평가한 것으로 정부의 역할을 확인할 수 있는 요소들이 일부 포함되어 있다. 구체적으로 독일은 사업을 시작하기 위한 환경(106위), 투자자보호(100위), 세금부과(72위), 재산등록(81위) 등의 요소에서는 낮은 순위를 나타냈지만,

이외의 모든 요소에서는 상위권에 위치했다. 구체적으로는 건설허가관리(14위), 전력공급(2위), 신용확보(23위), 무역관련지표(13위), 계약과정(5위) 등으로 나타났다. (세계은행, 2013)[38] 독일정부의 경쟁력이 주로 어디에서 비롯되는가를 알 수 있는 대목이다.

세부적으로는 국가 인프라에 해당하는 전력공급은 2위로 최고수준에 해당했으며, 정부의 건설허가관리와 계약과정에 대한 지표에서도 14위와 5위로 상위권에 자리매김했다. 순위가 낮은 환경분야는 현재 독일이 환경분야의 개선을 위해 보다 많은 제도와 규제를 하고 있기 때문에 시간 소요가 큰 것으로 분석된다. 이는 독일의 환경문제가 심각하다는 것을 의미하는 것이 아니고, 정부 역할의 문제와 정책집행의 문제가 있다고 해석할 수 있다.

4. 에너지와 환경에 대한 독일정부의 자세

독일의 환경분야의 경쟁력은 17위로 보통수준이다. 독일은 환경분야의 문제점을 인식하고 기후변화와 녹색성장이라는 키워드를 꾸준히 실천하고 있다. 그럼에도 불구하고 환경분야의 경쟁력이 낮은 것은 현재의 CO_2 배출량, 오염물질 배출량, 쓰레기 처리 등의 문제 때문인 것으로 보인다. 즉, 우리나라와 같이 제조업 중심의 경제구조가 가져오는 문제점인 것이다. 독일은 정부의 각종 프로그램을 통해서 이와 같은 문제점을 해결하려고 노력하고 있다. 예를 들어 CO_2 배출량이 2030년에는

38) 세계은행(2013). "Doing Business 2013", p. 173

전체 CO_2 배출량이 18%가량 감소될 전망이고 매년 평균적으로 0.8%씩 감소될 전망이다.

독일 내에서 산업별로 오염물질 배출비중이 가장 높은 산업은 에너지 산업으로 2008년 기준으로 78.2%를 차지하고 있다. 다음으로는 제조업, 농업 등의 순으로 오염물질 배출의 비중이 높은 것으로 나타났다. 따라서 오염물질 배출 규모를 줄이기 위해서는 에너지산업, 제조업분야에서 더욱 많은 노력을 해야 할 것으로 보인다.

에너지 산업 부분에서 독일은 2010년에는 17,700GWh를 수출하였다. 하지만 원자력발전소를 점차 폐지함으로써 방사능 오염물질 배출은 점차 줄어들고 있다. 즉, "원전 제로!" 는 독일정부가 천명한 것으로 독일은 원자력 발전소를 2022년까지 모두 폐기하기로 결정하였다. 필요한 전력은 프랑스와 체코의 원전에서 수입한다는 계획이다.

<그림 45> 후쿠시마 원전사고(좌)와 체르노빌 원전사고(우) 사진

독일은 원자력 사고의 가능성과 문제점을 인식하고 2011년 4월 이후 자체전력의 부족분을 이웃국가에서 수입하고 있

다. 이것은 에너지가 무기화될 가능성이 약한 상황이라고 보는 독일의 입장에서는 매우 현명한 선택인지도 모른다.

또한 독일정부는 에너지효율성, 기후변화에 대응하기 위해서 「국가기후보호 프로그램」을 환경부 주도로 2000년 10월 수립한 후, 2005년 개정하였다. 에너지 공급 및 기후변화에 대한 정부 차원의 종합적 대응책 마련을 위해 2007년 6월 「통합 에너지·기후변화 패키지」를 수립하였다. 나아가 변화된 기후에 적응하기 위해 2008년 12월 가능한 조치, 기후변화 현황 및 결과 등을 포함한 프레임워크로 「기후변화 적응을 위한 국가전략」을 수립하였다. 이러한 일련의 조치들은 유럽연합 차원에서 추진하는 정책과 맥을 같이 하는 것으로, 유럽연합의 정책결정에는 독일이 중요한 비중을 차지하고 있다. 정부의 경쟁력이 돋보이는 부분이다.

독일의 환경분야의 경쟁력은 현재 17위로 낮은 상황이다. 이에 따라 독일정부는 문제점을 파악하고 현재 개선을 위한 노력을 진행하고 있으며, 단순히 오염물질을 줄이는 것이 아닌 관련 산업과의 연계를 바탕으로 녹색성장에 초점을 맞추고 있다.

그 결과, 외교부가 2009년 발행한 "독일의 그린에너지 정책 및 산업" 보고서에 따르면 독일은 풍력, 수력, 바이오매스, 태양광, 지열 등의 에너지를 이용하여 전체 에너지의 14.8%를 생산하고 있는 것으로 나타났다.

<표 12> 독일의 재생에너지원(발전)

재생 에너지원	발전량(억 KWh)	재생에너지 생산전력에서 차지하는 비율(%)	총 전력소비량에서 차지하는 비율(%)
풍력	404	44.3	6.6
수력	209	22.9	3.4
바이오매스	260	28.4	4.2
태양광	40	4.4	0.6
지열	0.2	.	.
계	913.2	100	14.8

자료: 외교부, 독일의 그린에너지 정책 및 산업, p. 7

제조업이 강한 독일로서는 환경부분이 취약한 것이 당연한지도 모른다. 그러나 여러 가지 노력을 하고 있다. 예를 들어, 연료분야에 있어서도 바이오디젤과 식물성원료, 바이오에탄올 등을 활용하고 있다.

<표 13> 독일의 재생에너지원(연료)

재생에너지원	발전량(억 KWh)	재생에너지 생산전력에서 차지하는 비율(%)	총 전력소비량에서 차지하는 비율(%)
바이오디젤	287	76.1	4.6
식물성연료	44	11.7	0.7
바이오에탄올	46	12.2	0.7
계	377	100	6.1

자료: 외교부, 독일의 그린에너지 정책 및 산업, p. 8

독일의 현재 환경분야 경쟁력은 OECD 34개국 중 중위권에 해당하지만 독일정부의 비용절감노력과 이산화탄소 배출 감축 노력은 재생에너지법(EEG)과 재생에너지난방법(EWG), 이산화탄소 감축 건물개축 프로그램, 에너지 증서 제도 등을 통해서 개선될 전망이다.

5. ICT와 환경, 독일은 미래를 준비한다

독일은 ICT와 관련한 국제 지표에서 늘 최상위권에 자리 잡고 있다. 정부경쟁력센터의 ICT분야 경쟁력에서도 9위에 위치하고 있으며, ITU에서 발표한 ICT 발전지수에서도 독일은 2010년 15위에 올라있다. 이는 2008년 13위에서 다소 하락한 것이지만 OECD 국가, 국가규모를 고려해볼 때 여전히 상위권에 위치해 있다고 볼 수 있다. 그리고 독일은 현재 수준에 만족하지 않고 발전을 선도하고 있다.

독일은 최근 녹색성장과 ICT를 연계하여 이 분야의 산업 경쟁력을 높이고 있다. 고갈되는 에너지(석유, 석탄 등)에 대비한 녹색기술은 기존의 모든 산업분야와 연관되어 있으며, 어느 한 분야의 성장과 개선으로는 성공할 수 없는 부분이라고 판단하고 있다. 독일정부는 "자동차, 정보통신기기 등 다양한 분야의 제조기업, 서비스기업과 더불어, 연구 기관, 정부, 금융기관, 학교 등 기술개발 및 확산을 위한 모든 주체들 간의 연계를 통해서 에너지 문제에 대응"하고 있다(과학기술정책, 2009; p. 64).

또한 한국일보 2013년 10월 31일 자 기사에 따르면 독일은 ICT와 제조업의 융합으로 4차 산업혁명을 준비하고 있다. 현대경제연구원의 보고서를 인용한 이 기사에서는 독일 국가과학위원회가 제조업에 ICT 기술을 융합할 경우 현재보다 산업

생산성이 최대 30%가 향상될 것으로 예상하고 있음을 언급하였다.

독일은 SMART 2020플랜을 통해서 저탄소 녹색성장을 추진하고 있다. SMART는 S(Standardization: 표준화), M(Monitoring: 모니터링), A(Accountability: 책임), R(Rethinking: 다시 생각하기), T(Transformation: 전환)로 요약할 수 있다.[39] SMART는 특히 5개 산업분야 즉, 자동차산업, 물류산업, 건설관리, 전기분야, 빗물질화 분야에서 ICT와의 연계를 통해 탄소 방출의 유의미한 감소를 실현하고자 하는 독일정부의 구상이다. 이를 통해서 주요 5개 분야에서 총 207 Mt을 줄이려는 구상을 발표하였다.

<표 14> ICT 연계를 통한 주요 5개 분야 탄소배출 감축목표

	이산화탄소 감축목표	관련분야
SMART 물류	85.4 Mt CO_2	교통관리, 도심지역 혼잡관리
SMART 건설	41.7 Mt CO_2	건물의 기후조절시스템
SMART 자동차산업	26.4 Mt CO_2	자동차 산업 최적화
SMART 전기	23.4 Mt CO_2	전기공급관련 관리효율화
SMART 탈물질	16.3 Mt CO_2	웹기반 음악, 영상공유(CD탈피)

출처: 독일 telekom에 업로드 된 SMART 2020 Germany Addendum[40]

독일 정부는 자체적으로 강한 경쟁력을 가지고 있는 대기업 및 중소기업과 연구소(학계)간의 융합과 함께 저탄소 녹색성장이라는 경제발전계획을 산업 전 분야에 적용하고 이를 실

39) SMART 2020 독일, "The ICT sector as the driving force on the way to sustained climate protection"

40) www.telekom.com/static/-/15390/3/smart-2020-si

현하기 위한 구체적인 프로젝트를 정부주도로 추진하고 있는 것이다.

6. 문화강국 독일의 조건: 독일정부의 문화정책

흔히 문화 선진국이라고 불리는 독일, 미국, 프랑스, 영국 중에서도 독일의 문화관광분야의 경쟁력은 높은 수준이다. 독일정부의 하르츠(Hartz) 개혁은 경제부문뿐만 아니라 문화콘텐츠 산업을 육성하는 것에도 역량이 투입되는 계기가 되었다. 그 결과 독일은 2011년 기준으로 GDP의 2.7%에 이르는 문화콘텐츠 시장을 만들어냈다.[41] 독일은 문화산업 측면뿐만 아니라 문화를 향유하는 관람객층을 넓히려는 노력을 병행한 결과 정부경쟁력의 문화지표에서 OECD 34개국 중 1위를 차지하였다고 볼 수 있다.

독일의 대표적인 공연장인 베를린 필 공연장은 다수의 관람객들이 공연을 제대로 보고 즐길 수 있도록 오각형 모양으로 만들어져 있는데 다양한 계층의 사람들이 공연을 즐길 수 있도록 한 대표적인 예가 될 수 있다.

베를린에서는 오랜 기간 구축해 온 풍부한 인프라에 더해 정부의 재정적 지원, 아벤트카세(Abendkasse)[42]와 같은 향유층 확대 중심의 다양한 정책들을 펼치고 있다. 이러한 베를린

41) 김영우. "[경제칼럼] 경주문화엑스포가 남긴 것들" 매일신문. (2013.10.09.)

42) 아벤트카세(Abendkasse)는 '아벤트(Abend: 저녁) + 카세(kasse: 입장권판매소)'가 결합한 것으로서 오페라, 콘서트 등과 같은 문화예술공연이 시작되기 1시간 전 창구판매를 통해 남은 표를 저렴하게 판매하는 것을 의미한다.

<그림 46> 베를린 필 공연장

출처: 국민일보[43)]

정부의 노력이 더욱 풍부한 문화환경을 조성하는데 도움을 주었다고 볼 수 있다. 예를 들어 조치알힐페(Soziahilfe; 사회적 구제)에 등록된 사람들에게는 보다 더 저렴한 비용으로 문화예술 공연을 즐길 수 있는 기회를 정책적으로 제공하는 것이다. 문화를 향유하는 사람의 폭을 넓힐 수 있는 지원정책이 정부에 의해 유지되고 있다.

또한 전 세계에서 독일을 찾는 상당수의 관광객들이 관광코스 중 하나로 베를린 필 공연 관람, 오페라, 미술관 관람 등을 선택할 수 있도록 편의를 제공하고 있으며, 이 자체가 큰 문화상품이 되고 있다.

향유자뿐만 아니라 생산자를 위한 정책도 활발하게 이루

43) 손영옥. "베를린에 문화 애호가·관광객이 많은 이유" 국민일보. (2013.10.13.)

어지고 있다는 점도 독일의 문화관광 경쟁력에 긍정적 영향을 미치고 있다. 베를린의 경우, 2000년 이래 예술업종에 종사하는 예술가들이 40% 증가하였으며, 전업 예술가의 수도 2만여 명에 이른다. 베를린의 인구가 340만 명이란 점을 감안하면 이 숫자의 의미를 알 수 있다.

게다가 싼 물가와 정부의 풍족한 지원이나 예술가에 대한 투자가 결과적으로 신진 예술가들을 독일로 끌어들이고 있다. 예를 들어 베를린 주정부에서는 1년 예산의 40%를 교육, 문화, 과학 분야에 사용하는 것으로 알려져 있다.44) 그리고 이러한 예산 중 예술가에 할당된 부분들이 예술가의 작업 공간 지원, 신예 예술가 지원 프로그램, 각 장르별 예술 프로젝트에 대한 지원 사업 등에 투자된다. 예술가에 대한 지원 역시 외국인에게도 열려있다.

문화관광 분야의 산업적 측면을 넘어서서 정부가 제공하는 인프라의 양적, 질적 측면 나아가 향유층 확대에 기여하는 다양한 제도, 정책 등을 정성적으로도 함께 고려해야 한다는 점을 감안한다면 독일이 정부경쟁력 분야의 문화 부분에서 1위를 차지한 것은 타당한 측면이 있다. 독일의 순위는 향후 조사에서도 큰 변동이 없을 것으로 보인다.

7. 교육은 이렇게 하는 것이다!

독일은 OECD가 주도하여 평가하는 국제학업성취도 평가(PISA)의 순위는 늘 중하위권에 머물러있다. 그런데 교육분

44) 손영옥, "베를린은 젊은 예술가 천국" 국민일보, (2013.10.13.)

야의 정부경쟁력이 최상위권에 위치한 이유는 무엇일까? 우리가 생각하지 못하는 숨겨진 부분이 있다. 국제학업성취도 평가(PISA)의 순위는 답이 정해져 있는 일종의 암기를 기반으로 하여 정해진 시간에 많은 문제를 정확히 풀어내는 시험이다. 독일은 PISA의 순위는 중하위권이지만 2012년까지 102명의 노벨상 수상자를 배출했다. 이는 미국 338명, 영국 118명에 이어 세 번째에 달하는 숫자이다. 4위 프랑스가 65명으로 많은 격차가 존재한다. 창의력을 계발하는 교육정책을 정부가 보증하고 있기 때문이다.

어떤 요인이 이러한 결과를 만들어냈을까? 독일의 교육은 인간으로서 행복한 삶을 살 수 있도록 하는 것이라는 목적을 달성하기 위한 교육프로그램을 실시하고 있다. 지식채널 e[45]에서 이 주제를 다뤘는데, 간단히 내용을 소개하면 "공부 못하는 나라"로 요약할 수 있다. 이 나라의 교육은 알파벳, 수학 등의 공부에서 자신만의 해결책을 찾도록 하고 있다. 덧셈, 뺄셈을 1년 동안 배우기도 한다.

독일의 교육철학은 더디더라도 자신만의 방법을 찾도록 어른들이 아무것도 하지 않는 것이다. 또한, 이 나라는 선행학습이 없다. 이유는 다른 아이들이 질문할 기회를 박탈하고 교사의 수업기회를 빼앗기 때문이라는 것이다. 자전거 자격증, 수영인명구조 자격증을 취득하도록 하는 것은 지식만큼 중요한 것이 다른 사람들에 대한 배려와 여가 즉, 모두 행복해지는 것

45) 지식채널 e 2011년 5월 2일 자 방송, "공부 못하는 나라"
http://home.ebs.co.kr/jisike/srchResultList

이 교육의 목적이라고 생각하기 때문이다.

이러한 독일의 교육방침이 반영되어 독일의 교육은 창의성, 인성, 자기주도적 학습이라는 목표를 바탕으로 하여 "학교의 질적 보장을 위한 방향지침서"[46]를 발표하고 각 교육기관이 이를 따르도록 하였다. 주독한국교육원[47]이 정리한 독일의 창의성 교육지표와 평가사례에 관한 보고서에 따르면 독일 교육의 목표와 평가기준을 확인할 수 있다.

독일은 기본적으로 지방자치제에 의해 운영되기 때문에 전국차원의 통제와 평가는 없다. 각 연방 주가 평가지침서를 발표하는데 여기서는 니더작센주의 평가지표를 살펴보고자 한다.(주독한국교육원, 2010)

아래의 표는 인성교육관련 지표이다. 지표의 내용에서 확인할 수 있듯이 자신감형성, 책임의식/사회참여/타인에 대한 관용, 미래의 도전에 대한 개방적인 태도를 측정하고 있다. 특히 유럽공동체, 민족차별의 지양에서 과거 전쟁과 나치즘의 역사적 교훈을 반영하고자 하는 것을 알 수 있다. 또한 지식채널 e의 방송내용에서도 나타났던 창조력과 문제해결, 스스로의 학습능력에 대한 부분은 조금 더디고 시간이 걸리더라도 자신만의 문제해결 방식을 찾도록 하는 노력이 반영되어있다.

---

46) 니더작센 교육부 : Orientierungsrahmen Schulqualität in Niedersachsen

47) 주독한국교육원, "독일의 창의성 교육지표, 평가사례"
http://www.keid.de/cgi-bin/ikeid/read.cgi?board=dnews&nnew=2&y_number=60

<표 15> 인성교육 평가지표

지표	예	평가도구
자신감형성	- 스스로 학습능력 및 성과에 대한 신뢰. - 창조력 및 문제해결능력. - 민주적인 사회형성에 참여하려는 자세와 능력.	- 설문조사/인터뷰 - 대화 및 토론 - 각종 문서 분석 : 생활기록부, 학교신문, 결산보고,
책임의식, 사회참여, 타인에 대한 관용	- 주변 환경에 대해 책임감 있는 행동양식. - 타문화와의 협력 및 타 문화권 사람들과 공동생활하려는 자세 및 능력. - 유럽 공동체적 의식계발. - 민족차별을 지양하며 연대감, 관용, 이해심, 공동책임을 위한 방향성 제시.	
미래의 도전에 대한 개방적인 태도	- 갈등상황을 평화롭게 해결하려는 자세와 능력. - 자립생활, 대학에서의 학업, 노동 및 직업세계에 대한 준비. - 사회적 참여와 책임을 맡으려는 자세	

자료: 주독한국교육원, "독일의 창의성 교육지표, 평가사례"

학생의 핵심능력양성 지표에서도 자기주도적 학습 및 행동능력, 힘든 일을 하려는 자세, 팀워크 능력, 커뮤니케이션 기술과 학습기술의 다양성의 항목으로 평가를 하고 있다. 단순히 시험을 잘 보고 경쟁에서 우위를 확보하려는 교육보다 주도적으로 공부하되 힘든 일을 해내고, 상호협력과 커뮤니케이션을 통해서 문제를 해결하려는 노력에 초점을 두고 있다.

독일은 반드시 대학에 진학하지 않아도 기업에서 자체적으로 운영하는 직업학교를 선택하여 자신의 일을 찾을 수 있다. 이는 자기주도적 학습능력의 향상과 공동체에 대한 생각이라는 독일교육의 목표와 연관된다. 모든 학생이 최고의 대학에 가지 않지만 독일의 교육분야의 정부경쟁력은 4위라는 매우

<표 16> 학생의 핵심능력양성 지표

<table>
<tr><th>지표</th><th>예</th><th>평가도구</th></tr>
<tr><td>자기 주도적
학습 및 행동능력</td><td>- 독립적이고 자기 주도적 학습을 계발하는 능력(독립성, 자기평가능력).
- 학습계획 실천을 유도.</td><td rowspan="4">- 설문조사/인터뷰
- 각종 문서 분석 : 학습일지/포트폴리오, 학교신문, 프로젝트 프레젠테이션, 결산보고, 학교 프로그램, 교사회의 일지</td></tr>
<tr><td>힘든 일을
하려는 자세</td><td>- 힘든 일을 하려는 자세와 성공하려는 자세를 강화.</td></tr>
<tr><td>팀워크 능력</td><td>- 팀워크와 상호협력 능력.
- 작업 시 신뢰를 쌓고 시간을 준수하며 양심적 행동을 하도록 장려.
- 작업과정을 계획, 조직, 평가할 수 있는 능력 계발</td></tr>
<tr><td>커뮤니케이션 기술과
학습기술의 다양성
(미디어 사용 포함)</td><td>- 사회, 프레젠테이션 능력 육성.
- 학습과정에서 신 미디어 사용 장려.
- 행동을 통한 학습 강화</td></tr>
</table>

자료: 주독한국교육원, "독일의 창의성 교육지표, 평가사례"

높은 위치에 있으며, 수많은 학문적 업적과 함께 독일경제의 뒷받침이 되고 있다.

독일의 대표적인 연구소인 막스플랑크 연구소는 약 80개의 연구기관으로 이뤄져 있다. 2010년의 경우, 한해에만 2조 7천억 원의 예산이 연방정부와 16개 주정부에 의해서 지원되고 있다. 단일기관으로 역대 최다 노벨상 수상자를 배출하고 있을 정도이다. 독일의 교육과 연구의 결과는 이렇게 나타나고 있다.

<그림 47> 독일 막스플랑크 연구소

출처: 막스플랑크 연구소 홈페이지, http://www.mpg.de/183251/portrait?page=2

8. 독일은 공업국가? 농업분야도 강하다!

농업식품 분야에서 독일의 정부경쟁력은 OECD 34개국 중 중위권인 14위를 기록했다. 독일은 제조업이 강한 공업국가이면서도 농업이 강한 나라이다.

독일의 순수 농업 인구는 전체 인구의 2% 가량인 46만 가구, 143만 4천 명이다. 하지만 여기에 농업부문 연관 산업까지 포함하면 전체 인구의 4.9%인 400만 명에 이른다. 농가당 평균 경지 면적은 서독지역이 35ha, 동독지역이 58.6ha이며, 특히 동독지역 영농법인별 농지규모는 평균 1천440ha에 달하고 있다. (연합뉴스, 2010년 11월 17일 자)[48]

48) 연합뉴스, 2010년 11월 17일, "농업, 해외서 길을 묻다, 독일" http://news.naver.com/main/read.nhn?mode=LSD&mid=sec&sid1=101&oid=001&aid=0004756117

<그림 48> 독일농업의 현재

자료: 독일 연방식품농업 및 소비자보호부, 독일농업현황 2010의 표지그림

독일은 공업기술 강국 못지않게 농업분야에서도 선진국으로 통하고 있다. "독일의 농업생산은 전체 GDP의 1%이지만 주요 농산물을 자급자족하고 있고, 농업과 이와 연관된 산업에 전체 인구의 5%가량인 400만 명이 종사하는 등 경제에 중요한 부분을 차지하고 있다".(연합뉴스, 2010년 11월 17일자) 요컨대, 정부가 먹거리 산업을 등한시하지 않고 있다는 것이다.

연합뉴스 기사에 따르면 독일은 한국의 새마을운동과 비슷한 '마을 미화운동'을 1800년대 말에 시작하였고, 1970년대 마을정비사업을 통해서 조화로운 농촌마을을 형성하였다고 분석하고 있다. 공업분야에서 완벽주의를 지향하는 독일의 정신은 농업분야에서도 예외 없이 발휘된다. 이 과정에서 독일의 연방정부 및 지방정부는 여전히 핵심적인 역할을 한다.

물론 산업화과정에서 많은 농촌지역 노동력이 도시로 흡수된 것이 사실이다. 하지만 독일은 농촌마을의 존속에 대한 필요성을 인지하고 농가에 대한 지원을 시작하였다. 동시에 지속가능한 발전과 녹색성장이라는 키워드와 맞물려 친환경농업에 대한 정부의 지원도 확대되었다. 독일은 "농촌개발을 위해 2007년 농림업의 경쟁력 강화 및 환경·경관 개선, 농촌 삶의 질 확보와 농촌경제의 다각화 등 4대 과제를 시작했다."(연합뉴스, 2010년 11월 17일 자) 이러한 정부의 지원에 힘입어 유기농으로 대표되는 독일농업은 강한 경쟁력을 유지하고 있다. 정부의 경쟁력이 이러한 방법으로 발현되는 것이다.

독일 농업이 강한 경쟁력을 유지하는 데에는 강한 협동조합이 존재하기 때문이라는 분석도 존재한다. 농민신문 2013년 5월 13일 자 "생산자조직 역량 강화는 '주춧돌'"이라는 기사에서는 독일의 협동조합을 분석하는 기사를 보도했다. 독일에는 30만 농민의 목소리를 대변하는 독일농협연합회(DRV)가 있고, 2,452개의 농식품 농협을 대표하고 있다. 독일 농협연합회는 농민 조합원을 대변하는 역할을 하는데, 독일정부와 나아가 유럽연합까지 상대한다. 농협연합회를 통해서 농민의 이익을 대변하고 협동조합 간의 협력도 강화하며, 독일정부와의 협의 과정에서도 큰 역할을 하고 있다.

제 6 장

농업국가, 호주의 정부경쟁력

1. 행복한 관광대국, 호주

광활한 초원 위에서 뛰어다니는 캥거루, 한가로이 유칼립투스 이파리를 뜯고 있는 코알라, 역동적인 호주 원주민(애버리지니)의 춤사위, 아웃백의 쏟아질 듯한 별무리, 태평양의 드넓은 산호 군락; 그레이트 베리어 리프, 시드니 오페라하우스의 야경. 이외에도 호주는 많은 볼거리를 갖고 세계 각국의 관광객들을 불러 모으고 있다. 이러한 아름다운 볼거리와 함께 주거환경, 치안, 정치 분야에서 호주 정부의 노력이 호주의 관광을 더욱 매력적으로 만들고 있다.

호주는 단지 관광만 유명한 것은 아니다. 우리나라의 많은 젊은이들이 워킹홀리데이, 어학연수, 유학 등으로 호주를 찾고 있다. 우리 나라뿐만 아니라 동남아, 인도, 한국, 중국 등 동아시아 수많은 학생들이 보다 나은 환경에서 공부하고자 호주를 찾고 있다. 그리고 많은 사람들이 새로운 삶을 꿈꾸면서 호주로의 이민을 계획하고 있다.

<그림 49> 호주의 지정학적 위치

출처: 포털사이트 DAUM

<그림 50> 시드니의 야경

이러한 호주의 매력은 국제기관에서 내놓은 각종 평가에서도 잘 나타나고 있다. OECD에서 발표하는 행복지수(Better Life Index)에서 호주는 3년 연속 1위를 차지하고 있다. 또한, 미국 여론조사기관 갤럽이 조사한 '이민 가고 싶은 나라(순이민지수; PNMI)[49]'에서 148개국 중 6위를 차지하고 있다. 우리의 정부경쟁력 지수에서도 <표 17>과 같이 종합순위 10위, 교육부문 2위, 총괄부문 5위를 차지하고 있다.

<표 17> 호주의 정부경쟁력 순위

	종합	경제	교육	보건복지	농업식품	R&D	ICT	환경	문화관광	총괄
호주	12위	13위	2위	17위	15위	19위	12위	28위	24위	5위

하지만 호주의 청정환경, 관광대국으로서의 명성과 달리 우리 지표에서는 호주가 환경 28위, 문화관광 24위를 차지하고 있어서 위의 설명과는 상반된 결과를 보인다. 이러한 이유와 관련하여 호주정부의 대응을 알아본다면, 우리 지표의 특징을 좀 더 잘 이해할 수 있을 것이다. 일반적으로 발표되는 대중적 지표와 정부의 역할에 초점을 맞추는 본 연구와의 차이 때문인 것이다.

49) 2007년~2010년 초 148개국의 15세 이상 약 35만 명을 대상으로 전화 및 대면 면접을 통해 "기회가 된다면 다른 나라로 이민을 가고 싶은가? 아니면 그대로 살고 싶은가?"와 "이민을 원하면 어느 나라로 가고 싶은가?" 두 가지 질문에 대한 답을 받았다. 해당 국가의 점수가 양인 경우 이민을 오고 싶어 하는 사람의 수가 많은 것이다. 한국은 -8%, 48위로 중국, 인도, 러시아보다 순위가 뒤졌다.

<그림 51> 호주의 분야별 정부경쟁력

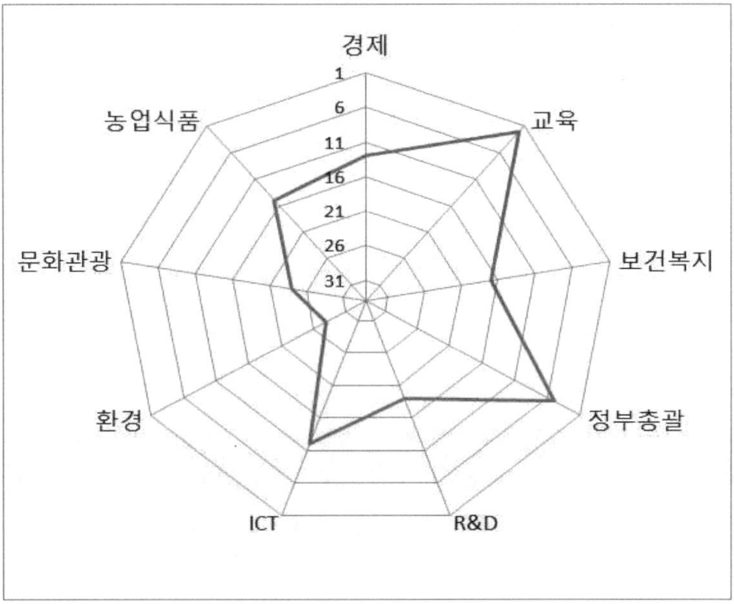

2. 최고의 유학국가, 교육대국 호주

호주의 유학생 수는 2012년 8월 기준으로 46만여 명에 달한다. 이는 호주 학생 수의 22%에 달하는 규모로 유학생 비율 면에서 세계 3위이다. 호주로 유학을 가는 이유는 첫째로 호주가 영어권 국가라는 데 있다. 아시아의 많은 국가들, 특히 한국, 중국, 일본 등의 국가에서는 영어를 배울 수 있고, 영어로 배울 수 있는 호주를 유학국가로 선호하고 있다. 하지만 단지 영어권 국가라는 이유만으로 그 많은 수요를 설명할 수 없을 것이다. 필리핀, 인도 등 영어를 사용하는 국가들에서도 호주로 오는 유학생 수가 많기 때문이다.

이러한 점은 2011년 3월 영국계 은행 HSBC의 설문조사에서도 나타난다. 미국, 영국, 호주, 싱가포르, 홍콩, UAE에 파견되어있는 1,000명의 직원을 대상으로 자녀 키우기 좋은 환경이 어디인지 설문 조사한 결과, 호주가 1위를 차지한 것이다. 이는 호주가 단지 영어권 국가라는 이유만으로 그 많은 학생들을 끌어들이는 것이 아니란 점을 말해준다 할 것이다.

그렇다면 왜 호주의 교육은 특별한 것일까? 먼저 호주의 교육시스템은 입시 위주가 아니다. 인성개발 위주의 영국식 교육방식을 나름대로 발전시켜온 것이다.

우리나라의 경우 고등학교까지의 의무교육은 대학입시 위주로 이뤄진다. 한국정부에서 행해지는 교육정책은 대학의 입시정책과 수능정책을 말한다고 해도 과언이 아니다. 따라서 공부에 흥미가 없는 학생의 경우, 졸업 후 취업을 지원하는 특수목적 고등학교에 진학하진 않는 이상, 학교 교육에 대한 흥미를 잃게 되고 제도권 밖으로 빠질 위험성이 높다. 또한 입시를 준비하기 위한 내신성적 준비과정에서 학생들끼리 과도한 경쟁이 발생하고 학생들 간의 공동체 의식보다는 개인 위주의 사고가 강해져, '왕따' 등 학교문제가 심화되고 있다.

하지만 호주의 경우 다양한 교육 프로그램이 존재해 공부에 흥미가 없는 아이들의 진로개발을 위해 힘쓰고 있다. 호주에는 1,200여 개의 교육기관이 존재하고 22,000여 개 이상의 교육과정이 존재한다. 이렇게 교육과정이 다양한 것은 수요자 중심의 교육이 이뤄지고 있다는 것을 의미한다. 즉, 학생들의 필요에 따른 맞춤형 교육이 이뤄진다는 것이다. 이러한 다양한 프로그램은 학생들의 적성을 탐색하게 해주고, 제도권 내에서 교육이 이뤄짐으로써 기회의 균등이란 측면에서도 바람직한 것으로 보인다.

또한 대학 간에 서열이 존재하지 않는다는 점도 학생들이 경쟁보다는 창의와 협력을 배울 수 있는 근간이 되고 있다. 호주에는 42개의 대학이 존재하는 데 이 중 39개 학교는 국공립이고, 3개 학교는 카톨릭에서 운영하는 사립학교이다. 이들 학교는 전공별로 유명한 대학이 있을 뿐 서열이 존재하지는 않는다. 학생의 적성에 맞는 전공을 선택하고, 주거지와 가까운 대학을 선택함으로써 과도한 가계의 교육관련 지출을 줄일 수도 있는 것이다. 그렇다고 해서 이들 대학에 경쟁력이 없는 것은 아니다. 영국 대학평가기관 QS(Quacquarelli Symonds)의 2011

<그림 52> 시드니 대학 전경

출처: http://www.matrix.edu.au/how-i-scored-a-scholarship-to-study-at-the-university-of-sydney-olivia-guo/)

세계 대학평가에서 호주의 8개 대학이 100위 안에 들어 있다. 한국의 경우 호주보다 훨씬 많은 약 200개의 4년제 대학이 존재하지만 3개 대학만이 100위 안에 분포하고 있어 호주와 비교가 되고 있다.

그리고 호주 대학을 진학하는 경우 장학금이나 저금리의 학자금 대출을 이용할 수 있다. 가난하지만 공부를 계속 하고 싶은 학생의 경우 많은 장학제도를 통해 무상으로 대학을 다닐 수 있는 방안이 있는 것이다. 특히 호주 정부에서 매해 2억 달러 이상의 장학금을 외국 학생에게 지원하고 있다는 점은 우수한 외국학생들이 호주로의 유학을 계획하게 하고 있다. 그리고 학자금 대출의 경우 졸업 시까지 무이자이며, 취업 후 일정연봉 이상을 받게 되면 상환하게 되어 있다. 또한 이자가 붙는 경우도 낮은 이자율이 정해져 있어 학자금에 대한 부담이 높지 않은 편이다. 이러한 낮은 이자는 호주의 발전하는 경제가 뒷받침되기에 가능하다고 볼 수 있다.

위와 같이 우수한 교육시스템을 통해 호주는 14명의 노벨상 수상자를 배출하고 있다. 교육정책의 성과를 단지 노벨상 수상자 수로 정할 수는 없지만, 우리나라의 과학교육정책에 대한 지적이 제기될 때 항상 노벨과학상 수상자가 없다는 것이 지적되고 있다는 점에서 호주의 교육정책을 참고할만하다고 할 수 있다.

한편, 이러한 호주의 교육시스템에도 문제점이 제기되고 있다. 예를 들어, 호주의 경우 기술·전문직에 대한 대우가 좋다 보니, 유능한 교사들이 교육현장에 투입되지 못하고 있다. 호주에서 기술을 갖는 경우 대학졸업자보다도 좋은 연봉을 받을 수 있기 때문에 우수한 인재들이 교사가 되는 것을 꺼리는 것이다. 이는 우리나라와 대조된다. 한국의 경우 안정된 직업을 선호하는 경향이 있어서 교사가 되기 위해 치열한 경쟁을 하고 있는 실정이기 때문이다. 취업할 청년이 공무원 준비로 낭비되고 있는 우리나라의 경우도 문제라 할 것이지만, 유능한 인력이 공공 분야에 매력을 느끼지 못하는 호주의 경우도 문제로 다가오고 있다.

3. 이민자의 나라, 살고 싶은 나라, 호주

호주는 미국과 비슷한 이민 국가이다. 애버리지니(Aborigine)라는 원주민이 살고 있었던 땅이다. 하지만 1787년 영국인 죄수 750명이 추방되어 호주에 정착한 이후, 100년 동안 영국의 흉악범 16만 명이 호주로 넘어오면서 이민의 역사가 시작된 것이다.

1850년대에는 호주에 금광이 발견되면서 영국을 비롯한 다양한 국가의 백인들이 이주해 왔다. 이 과정에서 많은 원주민이 학살당하거나 그들의 터전에서 쫓겨나게 되었다. 현재 2천 2백만 명이 넘는 인구 중 원주민은 45만 명에 불과하다.

이러한 이민의 역사를 가진 호주는 1970년대까지 백호주의(白濠主義: White Australia policy)란 명목 아래 비백인의 이민을 강력하게 제한해왔다. 그러나 이후에는 인도, 중국, 동남아, 한국 등에서 많은 이민이 이뤄지고 있다. 가난한 동남아국가에서 가난을 피하여 불법이민을 오는 보트피플도 많다.

가난한 국가에서 부유한 국가로의 이민은 어쩌면 당연해 보인다. 하지만 이들이 호주를 선택한 이유는 단지 소득만으로 보기는 어렵다. 그보다는 제도, 시스템적으로 이민자들을 끌어들이는 매력이 있기 때문으로 보아야 할 것이다. 그리고 이러한 점이 호주가 총괄 부분에서 5위를 차지하게 한 원동력이며, 나아가 제도와 시스템 구축에 있어 호주정부의 노력이 기여한 바가 매우 크다고 할 수 있다.

먼저 이민자들이 호주를 매력적으로 여기는 이유는 앞에서도 언급했지만 우수한 교육제도를 들 수 있다. 무상의무교육이 갖춰져 있고, 다양한 교육시스템이 갖춰져 있다. 우리나라의 입시 위주 교육과 달리 다양한 경로의 교육프로그램이 존재하기 때문에 공부를 잘하는 아이뿐만 아니라 공부에 소질이 없는 아이일지라도 기술교육 등을 받을 수 있다.

이와 같은 기술교육이 잘 이뤄지는 데는 다른 측면의 해석도 가능하다. 기술직에 대한 환경이 좋기 때문이다. 단적인 예로 호주 광부들의 지난해 기준 평균 연봉은 10만 8000 호주달러(약 1억 2000만 원)로 6만 6594 호주달러(약 7600만 원)의 호주 직장인 평균 연봉보다 훨씬 많다. 즉, 기술을 갖고 있는 사람들에 대한 사회적 처우가 잘 되어있어 공부가 적성이 아니더라도 기술을 통해 생계를 충분히 유지해 나갈 수 있는 것이다. 이는 호주의 기술이민제도를 통해서도 드러난다. 호주는 '호주 경제에 기여할 수 있는 기술과 학식 등을 갖춘 청년'을 대상으로 일반이민보다 자격이나 절차를 완화해 이민자를 적극적으로 유치하는 제도를 시행하고 있다.

외국인들의 이민을 쉽게 하는 다른 요인으로 사회적 분위기를 들 수 있다. 삼성경제연구소에서 2009년 OECD 국가의 사회자본(Social trust)을 측정한 결과 호주는 3위로 나타나고 있다. 후쿠야마 교수가 주장한 '신뢰'는 정부가 주도하여 장기간 형성하는 무형의 자원이다.

흔히 사회 구성원 간의 신뢰, 호혜적인 규범, 네트워크 등을 포괄하여 사회자본으로 평가하는데 호주는 이러한 사회자본에서 높은 수준을 보이고 있는 것이다. 이들의 높은 사회자본은 호주 내부의 발전뿐만 아니라 이민자에게도 유용한 자원이 되어주고 있다. 이방인에 대한 관용적인 태도는 이민자가 호주 사회에 적응하는 것뿐만 아니라, 이민자의 아이들이 호주 교육시설에서 교육을 받을 때도 적응을 쉽게 할 수 있도록 도와줄 것이다.

<그림 53> '삶의 질' 세계 1위의 호주국민들

출처 :http://www.ranker.com

호주 정부는 이러한 다문화 사회를 유지하기 위한 노력을 해오고 있다. 백호주의를 포기한 1970년대부터 공적인 논의를 통해 '다문화 국가를 위한 국가 아젠다'(National Agenda for a Multicultural Australia)를 확립하였다. 그리고 오늘날 다문화 사회를 유지하기 위해 이민자 정착 프로그램(Settle Grants Program)에 약 4,000만 달러의 예산을 배정하고 있다. 이러한 예산은 이민자들을 위한 통·번역 서비스, 이민자 영어교육 등 이민자들의 사회적응을 위해 사용되고 있다.

총괄부문에서도 5위라는 높은 순위를 기록했다. 정부신뢰를 비롯한 각종 제도에 대해 신뢰할 수 있는 사회라고 볼 수 있으며, 아울러 정책형성과 집행에 대한 효율성이 높은 것으로 보인다.

먼저 호주에서 각종 선거의 투표율은 세계에서 매우 높은 편이다. 최근 OECD Society at a glance에 따르면, 반대로 우리나라의 투표율이 OECD 국가 중 가장 낮게 나타나고 있어 중요한 문제점 중의 하나이다. 호주에서 이렇게 높은 투표율이 유지될 수 있는 것은 투표를 하지 않을 경우 벌금 등의 제재가 뒤따르기 때문이다. 사정에 따라 최저 20호주달러에서 최고 170호주달러까지 벌금이 부과될 수 있기 때문에 호주는 95%가 넘는 높은 투표율을 달성하고 있는 것이다.

우리나라의 경우 투표를 참정권이란 권리차원에서 고려하고 있지만, 호주의 경우 정치에 참여하는 것이 의무라는 시각에서 접근하는 듯하다. 이민자들로 구성된 국가에서 정치에 무관심을 방지하는 차원으로 투표를 강제하는 것일 수도 있지만,

다른 측면에서 보면 생활과 뗄 수 없는 정치를 국민들과 연결시켜 줌으로써 그들이 민주주의에 대해 지속적으로 생각을 해 볼 수 있는 계기를 제공하는 측면도 있을 것이다.

호주는 2013년 '글로벌 역동성 지수[50)]'에서 60개국 중 1위를 보이고 있다. 또한 2013년 '기업하기 좋은 환경(Doing Business)[51)]' 지수에서도 189개국 중 10위를 차지하고 있다. 이러한 좋은 기업 환경은 호주 정부의 끊임없는 혁신으로부터 이뤄졌다고 볼 수도 있다. 1980년대부터 이뤄진 행정개혁은 복잡한 절차를 간소화하고 정부의 효율성을 향상시켜 기업 경영에 적합한 환경을 제공해 주고 있는 것이다.

그리고 사회보장제도는 호주의 사회통합을 용이하게 해준다고 볼 수 있다. 호주의 무상의료 보험과 출산 수당, 청년 수당, 가족 수당 등 국가에서 다양한 제도를 통해 사회안전망을 구축하고 있다. 또한, 최저임금이 2013년 15.96달러로 원화 환산금액 16,000원 정도이다. 이에 비해 우리나라는 2013년 기준 5,210원이란 점을 비교해 보았을 때, 호주의 높은 최저임금 수준은 저소득층의 안정적인 생활을 가능하게 해주고 있다.

호주의 이러한 사회, 정치, 경제적 환경은 호주 국민의 '삶의 질'을 높여주고 있다. 2013년 '행복지수(The Better Life

50) 글로벌 경영 컨설팅 업체 그랜트손튼인터내셔널은 각국 기업환경에 대해 평가한 지수이다. 지수 산출에는 비즈니스 운영환경, 경제성장성, 과학·기술, 노동·인적자본, 금융환경 범주에서 뽑아낸 22개 지표가 활용된다. 한국의 경우 13위를 차지했다.

51) 한 국가의 규제환경이 기업을 운영하는데 얼마나 협조적인지를 나타내는 지수이다. 각종 규제의 절차, 시간, 비용을 통해 지수를 산출한다. 한국의 경우 7위를 차지하고 있다.

Index)[52]'에서 호주는 3년 연속 1위에 선정된 바 있다. 정부가 국민생활에 필요한 각종 규제를 하고, 교육 등 다양한 정책수단을 가지고 적극적으로 개입하고 있는 것이다. 호주를 미국과 같이 작은 정부와 시장주의의 나라라고 보면 잘못이다. 겉으로는 그런 것 같지만, 영국식 법제도체제를 기초로 하여 나름대로의 적절한 수정을 가한 모델이다. 정부의 경쟁력이 중요하게 작용한 결과이다. 이러한 종합적 평가가 호주를 살고 싶고, 이민가고 싶은 나라로 만들고 있다고 평가된다.

4. 푸른 초원 위에 내뿜어지는... CO_2 ?!

광활한 대지 위에서 뛰노는 캥거루, 한가롭게 유칼립투스를 뜯고 있는 코알라, 산호초가 드넓게 펼쳐진 에메랄드 빛 바다. 호주 하면 떠오르는 이미지이다. 천혜의 자연환경을 갖고 많은 관광객들이 이러한 호주를 방문하고 있지만, 우리의 지표에서 호주는 환경분야 28위를 기록하고 있다. 하지만 호주 환경의 이면을 본다면 이러한 지표에 납득하게 될 것이다.

다른 측면에서 호주를 보면 다음과 같은 기록을 갖고 있다. 세계 최대 일 인당 이산화탄소 배출국, 최대 GDP당 이산화탄소배출국. 호주의 주요 수출품 중 하나가 석탄이다. 광활한 대지 위에 무진장하게 널린 석탄을 쓸어 담는 노천탄광이 많은 호주에서는 이를 수출하기도 하고 자국의 전력생산을 위해 사

---

52) 경제협력개발기구(OECD) 36개 회원국을 대상으로 주거, 소득, 교육, 환경, 건강 등 삶의 질을 나타내는 총 11개 항목을 평가한다. 한국은 27위를 차지했다.

용한다. 1990년 이후 호주 전력생산의 절반이 석탄을 통해 이뤄지고 있다. 일반적으로 알려졌다시피, 석탄은 온실가스를 배출하는 주요 원인이 되고 있다. 위 측면에서 호주는 지구온난화의 주요 국가가 되고 있는 것이다. 그리고 호주의 경제에 석탄 산업의 영향력이 높은 만큼 환경과의 긴장관계는 예민한 문제가 될 수밖에 없다. 최근 탄소세라는 새로운 세금 도입을 둘러싸고 탄소세 도입으로 직격탄을 맞을 확률이 큰 광산업·관광업계를 비롯하여 정치적, 사회적으로 호주 내에서 큰 이슈가 되었던 사안이기도 하다.[53)]

<그림 54> 호주의 석탄 산업

출처: http://www.voakorea.com

한편, 호주를 관광한 사람들이라면 시드니와 멜버른의 화려한 야경이 기억날 것이다. 호주는 이러한 야경을 유지하기

53) 강혜리, "석탄 강국 호주가 탄소세 도입하려 하는 이유" 오마이뉴스 (2011.11.03.)

위해 일몰 후 전기요금을 정부에서 부담하고 있다. 관광수입을 위해 환경을 일정 정도 희생하고 있는 셈이다.

또 다른 원인은 인간의 벌목과 개간이다. 호주는 석탄뿐만 아니라 쇠고기도 주요 수출품 중 하나이다. 브라질을 제외하고는 호주가 가장 많은 쇠고기를 외국에 수출하고 있다. 쇠고기를 생산하기 위해서는 많은 초지가 필요하고, 따라서 삼림을 개간하고 있는 것이다. 이러한 삼림개간은 또 다른 재앙을 불러오고 있다. 호주의 여름인 12월, 1월에 잦아진 대홍수의 원인이 이러한 삼림 개간 때문이란 의견이 나오고 있기 때문이다.

홍수뿐만 아니라 산불도 증가하고 있어 문제다. 호주는 매해 극심한 산불에 시달리고 있다. 2013년 10월에도 호주 정부

<그림 55> 산불로 파괴된 코알라의 서식지

출처: http://www.abc.net.au/reslib/200908/r412759_1952416.jpg

는 비상사태를 선포하고 산불을 진화하기 위해 막대한 노력을 기울였다. 하지만 호주 산림의 대부분을 이루는 유칼립투스 나무 자체가 산불 진화에 어려움을 주는 품종이라는 점이 매번 산불 진화에 큰 장애물로 작용하고 있다. 이러한 호주의 산불 문제는 학자에 따라서 이견이 있기도 하지만 지구를 뜨겁게 하는 원인 중 하나일 수 있다.

이러한 온난화는 호주의 바다에까지 영향을 주고 있다. 호주는 많은 세계유산을 보유하고 있는데, 그중 하나가 '그레이트 베리어 리프'라는 대규모 산호 군락지다. 지구온난화, 수온 변화는 산호초의 서식환경에 악영향을 주고 있는 것이다. 뿐만 아니라 주변 농장에서 사용하는 살충제 등 농약과 인근 퀸즈랜드 해안의 정유 및 가스 개발 계획 등이 산호서식에 악영향을 줄 것으로 예상되고 있다. 이에 UNESCO는 그레이트 베리어 리프를 세계위험유산에 등록하는 것을 고려하고 있다고 발표했다.

하지만 호주 정부가 이러한 환경악화에 손을 놓고 있는 것은 아니다. 2007년까지는 경제성장 위주의 정책으로 미국과 함께 교토의정서에 서명하지 않은 단 두 개의 국가였다. 그러나 현재는 교토의정서 가입 이후 온실가스 배출을 합리화하기 위해 노력하고 있다. 2011년에는 탄소세를 도입하기도 했으나, 많은 반발이 제기되어 2013년부터 배출가스 거래제를 도입하고 있다. 따라서 향후 이러한 노력이 어떠한 결과로 나타날지 주목할 필요가 있다.

5. 관광대국! but, 문화약국!

2009년과 2013년 여행을 좋아하는 세계의 젊은이들을 들썩거리게 하는 이벤트가 있었다. 바로 호주 관광청의 '세계 최고의 직업'이다. 2009년에는 섬을 돌보는 한 개의 직업에 1명만을 고용하였으나, 2013년에는 6개 분야에서 6명을 6개월간 10만 호주달러를 지급하게 된다. 이들은 '이벤트 플래너', '야생 탐험가', '파크 레인저', '야생 동물 관리인', '라이프스타일 사진작가', '미식 여행가'로 일하면서 호주를 즐기며, 호주의 매력을 세계인들에게 알리게 된다.

<그림 56> '가장 좋은 직업' 모집 포스터

출처: 호주관광청

이러한 사례는 호주정부가 관광경쟁력을 확보하려는 한 단면을 보여주는 것이라 할 수 있다. 호주의 유명한 자연환경, 번화가는 호주로 많은 관광객을 끌어들여, 돈을 벌어들이고 이 중 일부는 관광객을 끌어들이기 위한 여러 프로그램에 투자되고 있는 것이다. 하지만 이러한 노력에도 불구하고 우리의 문화관광 지표에서 호주는 24위의 낮은 순위를 보이고 있다. 이러한 이유가 무엇일까?

그 이유는 관광보다는 문화 측면에서 찾을 수 있다. 호주는 문화 측면에서 OECD 국가 중 후진국으로 나타나고 있는 것이다. 그러한 이유로 먼저, 호주가 영어권 국가라는데 있다. 오늘날 세계의 공용어라고 할 수 있는 영어를 공용어(Official language)로 하는 것이 관광부문에서는 큰 이점으로 다가올 수 있지만 문화부문에서는 오히려 취약성을 드러낼 수도 있는 것이다.

<그림 57> 호주 원주민

출처: http://weddingtimes.co.kr/

호주정부가 문화경쟁력을 확보하기 위해서는 영국, 미국에 대한 문화적 종속성을 벗어나려는 노력을 기울여야 할 필요성이 있다 그리고 호주만의 문화를 만들어 나가기 위해 노력해야 할 것으로 보인다. 여기에는 하나의 호주를 만들어 또 다른 미국과 같은 문화를 만들어내는 것도 방법일 것이고, 다문화정책을 유지해 모자이크식의 새로운 문화를 만들어 나가는 것도 방법일 것이다.

최근 호주의 다문화 정책이 오락가락하고 있다. 2007년 존 하워드 총리가 취임하면서 이민정책을 다루는 '이민, 다문화부(Department of Immigration and Multicultural Affairs)'에서 '이민시민권부'(Department of Immigration and Citizenship)로 바꾸었다. 이는 다문화정책을 폐지하고 미국과 같은 인종의 용광로(Melting pot)를 만들려는 시도로 보인다.

하지만 2011년 줄리아 길러드 총리의 취임 이후에는 '호주의 사람들(The People of Australia)'이라는 정책을 기반으로 호주의 다문화정책 방향을 재정립하는 등 다시 다문화주의를 중시하는 방향을 유지한 것으로 보인다. 호주의 이민정책의 변화는 곧 미래 호주의 문화를 결정지을 수도 있다는 점에서 관심을 가져야 할 것이다.

제 7 장

아시아의 선두주자: 일본의 정부경쟁력은?

흔히 '가깝고도 먼 나라'라고들 하는 일본은 한국인들에게는 질시의 대상이 되곤 한다. 가장 가까이 위치한 나라이면서 비슷한 인종이기 때문에 해외에 나가면 외국인들이 한국인과 일본인을 구분하기는 쉽지 않을 만큼 비슷하지만, 세계 3위 수준의 GDP(5조 9,809억 달러, 2012년 IMF 기준)와 소니, 파나소닉, 도요타, 혼다 등 세계적 수준의 전기·전자 및 자동차 기업 -최근에는 삼성, LG, 현대 등 국내 기업의 성장으로 분위기가 크게 달라지긴 하였으나- 등 세계에서의 일본의 위상은 늘 부러움과 질투의 대상이었다. 일본 제국주의에 의한 식민지 경험이 없었더라도 땅을 샀다는 사촌처럼 한국인을 배 아프게 만드는 국가였을 것이다.

<그림 58> 일본의 지정학적 위치 (출처: 포털사이트 DAUM)

사실 일본도 좋은 자연 조건을 가진 나라는 아니다. 척박한 자연환경의 4개의 큰 섬으로 구성된 섬나라이고 환태평양 지진대에 위치한 탓에 지진이 많다. 그러나 면적 377,915km2로 남한 면적의 3.8배, 한반도 전체의 1.7배에 이르는 세계에서 62번째로 큰 나라이며 인구 1억 2,850만 6,026명으로 2010년 기준 세계 10위에 해당하는 인구 규모를 가진 대국이다.

19세기 중반 메이지유신(明治維新) 이후 자본주의가 형성되고 입헌정치가 시작되면서 사회·문화적 근대화가 시작되었다. 즉, 우수한 정부경쟁력의 토대가 이미 이 시기부터 정착이 되었다고 볼 수 있다. 일본은 이후 제국주의·군국주의의 발흥으로 주변국 침략 및 조선의 식민지화를 추진하였을 뿐만 아니라 중일전쟁, 태평양전쟁을 일으키며 제2차 세계대전에 참여하였다. 1945년 히로시마와 나가사키에 최초의 원자폭탄이 투하되면서 패전한 이후 미군정 지배하였던 1946년 11월 3일 '일본국헌법'이라는 새로운 헌법을 공포하여 국민주권을 원칙으로 하는 새로운 국가조직 및 기본 질서를 규정하였다. 새 헌법은 특히 '전쟁 포기, 전력(戰力) 불보유, 교전권(交戰權) 부인'을 명시하고 있는 제9조로 인해 '평화헌법'이라고도 불린다.

이처럼 패전국의 지위에서 다시 경제적 부흥기를 맞이한 일본은 이후 산업, 경제, 과학기술 등 대부분의 분야에서 아시아 국가 중 가장 발전된 수준을 자랑하고 있다. 우리나라의 산업정책연구원 2010년 발표된 국가브랜드 가치 평가 순위에서 일본은 2조 7,686억 달러의 국가브랜드 가치가 있는 것으로 나타나 아시아 국가 중 가장 높은 순위인 4위를 차지하였다. 1990~2008년간의 자료를 종합하여 중국 사회과학원의 도시경쟁력 연구센터가 발간한 국가경쟁력 청서에 따르면 2008년 기준으로 일본의 국가경쟁력은 세계 3위에 해당(1위 미국, 2위 EU, 4위 한국)하였으며[54], 2010년 중국 푸단대 경제학원 중국국제경쟁력연구기지가 경제성과와 내적 능력·조건, 환경 등의 요인을 종합하여 발표한 '세계경쟁력 보고 2009-2010'에서의 순위 또한 3위에 해당(1위 미국, 2위 중국, 20위 한국)하는 높은 순위를 차지했다[55].

54) 국민일보, 2010년 10월 26일, 한국 국가 경쟁력, 日 이어 세계 4위
http://news.kukinews.com/article/view.asp?page=1&gCode=kmi&arcid=0004257846&cp=nv

55) 연합뉴스, 2010년 10월 28일, 中 푸단대, "한국 국가경쟁력 20위"
http://news.naver.com/main/read.nhn?mode=LSD&mid=sec&sid1=101&oid=001&aid=0004732010

<표 18> 2010년 국가브랜드가치평가

순위	국가	국가브랜드가치(억 달러)
1	미국	10조6510
2	독일	6조4956
3	영국	3조2002
4	일본	2조7686
5	프랑스	2조5363
6	중국	2조2122
7	캐나다	1조6946
8	네덜란드	1조5239
9	이탈리아	1조4514
10	한국	1조2001

출처: 매일경제 2010년 12월 8일

또한 정부경쟁력 연구센터의 정부경쟁력 순위 결과에 따르면 일본은 OECD 국가 중 종합 9위를 차지했다. 앞서 언급한 순위들에 비해 낮은 것으로 보일 수 있으나 이 역시 높은 순위라고 할 수 있다.

<표 19> 일본의 정부경쟁력 순위

	종합	경제	교육	보건 복지	농업 식품	R&D	ICT	환경	문화 관광	총괄
일본	9위	7위	13위	29위	11위	2위	13위	22위	4위	23위

특히 아래 그림에서도 알 수 있듯이 R&D, 경제, 문화관광 등의 분야 순위들이 일본의 정부경쟁력 종합순위를 끌어올린 것으로 보인다. 그렇다면 과연 이들 분야에 대한 일본 정부의 어떤 노력이 일본의 정부경쟁력을 끌어올렸을까?

<그림 59> 일본의 부문별 정부경쟁력 순위

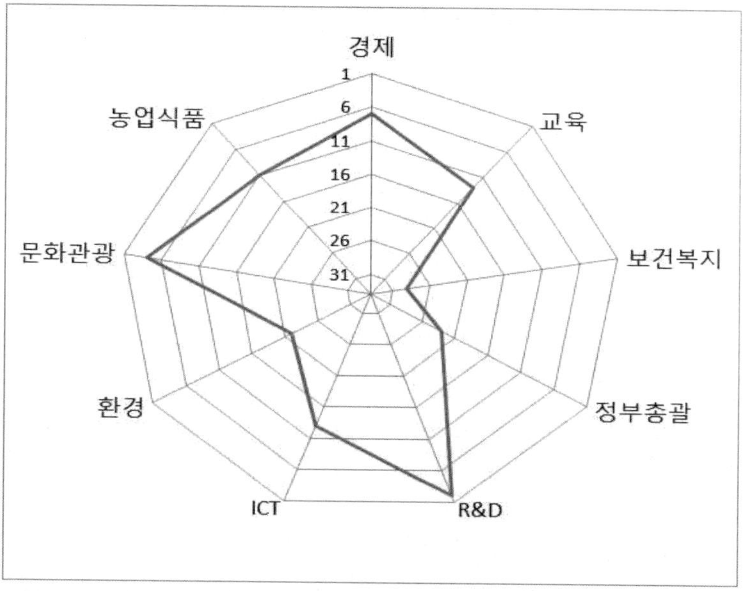

1. 일본, 아시아를 대표하는 문화 콘텐츠 강국

"기운 센 천하장사, 무쇠로 만든 사람
인조인간 로보트 마징가- 제트"

이 익숙한 만화 주제가는 많은 한국인들이 기억하고 있을 뿐만 아니라 응원가로도 많이 불리던 노래이다. 1975년 MBC에서 방영되었던 마징가 Z는 저 주제가뿐만 아니라 그 등장인물들의 이름이 쇠돌이와 철이, 애리였던 관계로 당시 대다수의 한국인들이 마징가 Z가 'made in Korea'인 것으로 알고 있었다. 한 한일전 경기에서 한국인들이 마징가 Z의 주제가로 응원을 하자 일본 응원단이 한국 응원단이 왜 일본을 응원하는 것

<그림 60> 마징가 Z

출처 : 네이버캐스트 – 20세기 디자인 아이콘: 캐릭터

이냐며 의아해했다는 웃지 못할 해프닝이 전해질 정도였다고 하니, 한국에서의 그 인기가 어느 정도였는지 짐작할 만하다.

거대한 로봇의 머리에 사람이 '탑승'한 다음 그 로봇을 조종하는 설정은 오늘날에는 흔한 것이 되었지만 그 출발은 마징가 Z였다. 거대한 사이즈에 걸맞는 액션과 기술, 다양한 무기를 활용하는 마징가 Z의 캐릭터는 당시로서는 매우 참신한 설정이었고, 이 세계 최초의 탑승형 거대로봇은 전 세계 S.F. 애니메이션의 새 장을 열게 되었다. 한국뿐만 아니라 이탈리아, 스페인, 프랑스 등의 유럽 국가들을 비롯한 마징가 Z가 수출된 전 세계 각국에서도 대단한 인기를 끌었다.

이처럼 70년대 마징가 Z와 같은 대형 탑승 로봇 캐릭터를 만들어내면서 한국의 태권 V와 같은 유사 캐릭터뿐만 아니라 2000년대 전 세계적인 엄청난 흥행을 기록했던 '트랜스포머'와 같은 로봇 콘텐츠의 탄생에까지 영향을 미친 일본은 게임, 애니메이션, 캐릭터 산업 부문에서 명실공히 세계 최고의 콘텐츠를 생산하는 국가이다.

데즈카 오사무의 '아톰', 후지코 후지오의 '도라에몽', 기업 산리오에서 만들어낸 '헬로키티(Hello Kitty)' 등 전 세계적으로 유명한 캐릭터가 다양하게 존재한다. 특히 헬로키티는 자산 가치 1조 5,000억 엔(약 20조 원), 연간 시장 규모 3,500억 원[56]에 달하는 캐릭터로 일본 내에서 창작된 다양한 캐릭터 중에서도 가장 비싼 캐릭터로 손꼽힌다. 헬로키티 캐릭터 상품 모으기가

<그림 61> 헬로키티

출처 : 네이버캐스트 – 20세기 디자인 아이콘: 캐릭터

---

56) 김혁, 네이버캐스트 – 20세기 디자인아이콘: 캐릭터 (http://navercast.naver.com/contents.nhn?rid=101&contents_id=3846&leafId=101)

취미였던 빌 게이츠가 2000년대 초반 키티의 디지털 판권 전체를 사기 위해 우리 돈 6조 원을 제시했으나 산리오가 거절했다는 일화가 전해질 만큼, 1974년 탄생한 키티의 가치는 21세기에도 건재하다.

애니메이션 제작소 스튜디오 지브리를 설립한 거장 애니메이션 감독 미야자키 하야오 역시 일본이 자랑하는 대표 문화 콘텐츠 생산 브랜드 중 하나이다. 마징가 Z 못지않게 한국에서 큰 인기를 끌었던 1978년 작 '미래소년 코난'을 비롯하여 '이웃집 토토로'(1988), '원령공주'(1997), '센과 치히로의 행방불명'(2002) 등 역동적이고 광활한 자연 환경과 일본의 전통적 특색을 녹여내어 묘사한 미야자키 하야오 특유의 장편 애니메이션들은 작가주의를 표방하며 그 개성을 잃지 않고 꾸준히 제작되었다. 이러한 스튜디오 지브리의 애니메이션 뿐 아니라 '아니

<그림 62> 미래소년 코난

메'라고 불리는 일본 애니메이션은 세계 시장의 20%를 차지하고 있다.[57)]

이처럼 일본은 민간에서 자생한 문화 산업, 특히 캐릭터 및 애니메이션 관련 부문에서 특히 강세를 보인 국가였다. 사실 관료국가인 일본에서 일어나는 모든 일에는 정부가 뒤에 있다고 해도 과언이 아니다. 또 그만큼 일찍이 1960년대부터 민간의 예술 문화 단체에 대한 정부가 보조를 하기도 하였다. 문화예술 부문의 기반을 탄탄히 하는 데에는 정부의 역할이 매우 중요하다는 것은 익히 알려진 사실이다. 일본은 정부 지원의 일환으로 1996년부터는 '아트플랜 21'이라는 이름으로 문화예술활동 진흥사업을 실시하기도 하였다. 일본 정부의 이러한 보이지 않은 노력들은 민간의 창작여건을 강화하고 창조역량을 키워내는데 일정부분 기여하였음은 분명하다고 할 수 있다.

최근에는 한국과 중국이 세계 시장을 무대로 문화 부문에서 성공을 거두기 시작하자, 일본에서도 정부 차원에서 공격적인 문화콘텐츠 육성 정책을 추진하기 시작했다. 2010년에 발표된 이른바 '쿨 재팬(Cool Japan, 멋진 일본) 전략'이 바로 그것이다.

쿨 재팬 전략은 세계를 대상으로 일본의 매력을 알리고 상품화시키려는 전략으로, 일본 정부 내 경제산업성에 2010년 설치된 '쿨재팬실'이 일본의 콘텐츠, 문화상품 등의 수출 및 홍보 등을 지원하는 역할을 수행하고 있다. 이러한 쿨재팬 전략의

---

57) 조준형, "*오타쿠 문화 세계화에 나선 일본*" 연합뉴스 동북아센터 월간 마이더스. (2013년 8월호)

<표 20> 일본의 쿨 재팬 전략의 주요 내용

	분야	규모(엔)
수출	음식	4~6조
	관광	4조
	게임애니메이션	2~3조
	패션	2~4조
	총	12~17조
내수시장 (5만 명 고용창출 목표)		57조

출처: 조철희. "韓流대항마 '쿨재팬' 국가주력산업 추진" 머니투데이. (2011.01.04.)

등장은, 문화콘텐츠를 통해 문화산업의 부가가치를 극대화시키고 국가 브랜드를 제고하려는 노력이 아시아의 대표 문화산업 국가라는 타이틀에 위기감을 느끼면서 보다 적극적으로 나타나고 있는 것으로 볼 수 있다.

특히 한류(韓流)의 확산에 따른 한국의 아시아 시장 석권에 일본 내 위기의식이 높아진 것으로 알려지고 있다. 아베 총리는 "일본의 TV 방송 시장 규모가 한국의 10배에 달하지만 프로그램 수출은 한국의 3분의 1 정도에 불과하다"며 이 구조를 바꾸자고 역설하면서 취임 초부터 쿨 재팬 전략을 강조하고 있는데, 실제로 일본은 문화청 예산을 두 배로 늘리고 콘텐츠 유통 촉진 정책까지 내놓았다[58].

이러한 일본 정부의 움직임에 대해 미국 시사주간지 타임은 2013년 7월 1일 인터넷판에서 "일본 참의원이 2013년 6월 5억 달러(약 5천 700억 원)에 달하는 일본 문화 해외 홍보 기금

58) 오춘호 논설위원, "*한류(韓流)냐 일류(日流)냐*" 한국경제 2013년 10월 27일 자

조성안을 통과시켰다면서 이는 한국의 한류 확산 전략을 따라 한 것"이라고 보도했다[59]. 일본 경제산업성은 한국 정부가 1998년 5억 달러의 기금을 마련해 문화산업에 투자한 결과 15년이 지난 지금 한국 가수들이 아시아 음악 차트를 석권하고 영화와 드라마도 큰 인기를 얻게 된 것으로 평가하고 있다는 것이다. 뿐만 아니라 이러한 문화 콘텐츠를 통한 한국 문화의 확산으로 삼성전자의 스마트폰과 현대자동차 등의 기업들이 젊고 현대적인 이미지를 얻게 되면서 세계적인 성공을 거두게 된 것으로 보고 있다고 전했다.

이처럼 일본은 한류라는 새로운 경쟁 상대에 대응하기 위해 정부가 적극적인 지원책을 마련하고 있다. 기존의 문화 콘텐츠 생산강국의 지위에 안주하지 않고 변화된 흐름에 적극적으로 대응하고 있는 것이다. 한국인들은 일시적으로 성공한 한류를 자랑스럽게 생각하면서 정부 주도로 쿨재팬 전략을 추진하는 일본에 상대적으로 '우쭐'한 자신감을 갖고 있지만, 사실 일본의 문화 부문의 정부경쟁력은 이렇게 쉽게 안심하지 않는 경각심에 있다고도 할 수 있을 것이다. 여전히 일본은 문화 부문의 아시아 대표 강국이고, 오랜 기간 만들어진 이러한 바탕은 쉽게 사라지지 않기 때문이다.

실제로 2012년 발표된 '소프트 파워(Soft power)' 국가별 순위[60]에서 일본은 6위를 차지했다. 특히 주목할 만한 것은 6

---

59) "*일본 '한류' 따라잡으려 '쿨 재팬' 추진*"<타임>, 연합뉴스 2013년 7월 2일 자

60) 2010년부터 영국의 유명 트렌드 잡지 '모노클(Monocle)'이 발표하고 있는 '소프트 파워'는 1990년 하버드대 조지프 나이 교수가 처음 사용한 용어로, 경제력보다는 매력을 통해 상대방을 설득하는 힘으로 정의된다. 군사

위를 차지한 일본의 소프트 파워 경쟁력이 '유니클로'로 대표되는 패션 콘텐츠에서 나온다고 평가되었다는 것이다. 최근 일본이 발표했던 '문화산업 대국지향 보고서' 역시 이러한 부분을 놓치지 않고 만화, 애니메이션, 게임 등 세계적인 경쟁력을 지닌 기존의 콘텐츠들을 바탕으로 음식, 관광, 일용품, 패션 등 라이프스타일과 연계해 글로벌 비즈니스를 확대하고자 하는 계획을 밝히고 있다[61].

이 같은 일본 정부의 노력 자체가 문화 부문의 정부경쟁력으로 작동한 것으로 볼 수 있을 것이다. 일본 정부가 주목하고 노력을 기울인 실제 정부경쟁력 해당 문화 지표 부문의 문화 관련 상품 및 서비스 수출, 관광 규모 등이 향상되면서 일본의 문화부문 정부경쟁력이 4위라는 높은 순위를 차지했기 때문이다. 그러나 과거사 왜곡 등 기초가 취약하고 인위적인 일본정부의 문화정책이 언제까지 효과가 있을는지 두고 볼 일이다.

2. 아시아 최다 노벨상 수상자 배출 국가

한국이 여전히 일본을 부러워하고 있는 것 중 하나는 일본이 많은 노벨상 수상자들을 배출했다는 것이다. 올해에도 고

력으로 행사하는 '하드 파워(Hard power)'와는 달리 외교·문화·교육·스포츠 등을 통해 자발적 공감을 이끌어내는 능력을 말하며, 한 국가의 매력을 상징하는 지표로 흔히 활용되고 있다. 2012년 조사 발표에서 1위는 영국(22개의 해외 1위 기록 음반, 2012년 런던올림픽 65개 메달, 여왕 즉위 60주년 행사)이 차지했으며, 2위는 미국(리더십과 기후변화 대응), 3위는 독일(학문과 축구), 4위는 프랑스(미술관과 음식), 5위는 스웨덴('이케아'로 대표되는 실용성과 기능성)으로 나타났다. - "*획일적 콘텐츠에 발목… 한류생명은 4년*", 세계일보 2013년 1월 10일자

61) "*콘텐츠산업의 진짜 경쟁력*", 전자신문 2010년 9월 14일 자

은·황석영 등 한국 작가의 노벨 문학상 수상을 기대했으나 역시 고은 시인의 집 앞에 진을 쳤던 기자들은 허탕을 치고 돌아갈 수밖에 없었다. 문학계를 차치하고 전 분야를 보더라도 노벨상 수상은 요원한 일로 보인다. 2000년 당시 김대중 대통령이 노벨 평화상을 수상한 이후 한국은 세계 8위 무역대국이자 G20 국가의 지위를 갖게 되었지만 노벨상 수상은 여전히 기대하기 어렵다.

반면 일본은 1949년 일본 최초의 노벨상을 물리학 분야에서 받은 이후 오늘날까지 총 18명의 노벨상 수상자를 배출했다. 이 중 물리학상이 7명으로, 에사키 레오나(江崎玲於奈)가 1957년에 발명하여 직접 생산에 활용된 신형반도체를 발명한 공로를 인정받아 1973년 수상하였다. 또한, 이론물리학 분야의

<그림 63> 일본 최초 노벨상 수상자 – 1949년 노벨물리학상의 유카와 히데키(湯川秀樹)

공적으로 노벨물리학상을 받은 수상자가 6명[62]이다. 물리학뿐만 아니라 화학상 수상자가 7명[63]이나 되는 등, 일본은 기초과학의 힘으로 노벨상을 13명이나 수상하는 저력을 보여주고 있다.

이처럼 일본은 기초과학이 매우 튼튼한 나라이다. 2012년 IMD(스위스 국제경영개발원)가 발표한 과학경쟁력에서 일본은 2위에 올랐다. 본 연구진의 정부경쟁력 평가에서도 R&D 분야의 경쟁력이 일본의 정부경쟁력 중 가장 높은 순위인 2위인 것으로 나타났다. 일본의 R&D 분야를 위한 정부경쟁력이 전체 경쟁력 순위를 끌어올린 것이다.

이공계 기피 현상이 두드러지고 있는 한국과는 달리, 일본에서의 과학자의 직업적 지위와 급여 수준은 높은 편이다. 과학 교육과 연구에 매진할 수 있는 환경과 조건이 마련되어 있는 것이다.

1995년 일본의 '사회계층과 사회이동 조사(Social Stratification and Social Mobility: 통칭 SSM조사)' 결과에 따르면 일본 내의 187개 직종 가운데 사회적으로 존경받고 있는 정도를 나타낸 포인트를 비교할 때 대학교수가 83.5점으로 전체 2위를 차지하였다. 1위 변호사(87.3)에 이은 높은 점수이다. 대기업 상급 관리직(73.3), 국가 공무원(70.5), 연예인(58.2)와 비교하면 큰 차이를 보이는 것을 알 수 있다.

수입 면에서도 일본 후생노동성의 「임금구조 기본통계 조

62) 1949년 유카와 히데키, 1965년 도모나가 신이치로, 2002년 고시바 마사토시, 2008년 난부 요이치로, 고바야시 마코토, 마스카와 도시히데

63) 1981년 후쿠이 겐이치, 2000년 시라카와 히데키, 2001년 노요리 료지, 2002년 다나카 고이치, 2008년 시모무라 오사무, 2010년 네기시 에이이치, 스즈키 아키라

사」에 따르면 2008년 일본 대학교수의 평균 임금은 1122만 엔으로, 663만 엔의 국가 공무원보다 크게 높은 수준인 것으로 조사되었다.

일본 정부는 21세기 초부터 「과학기술창조 건국」 전략을 강화하였다. 2001년을 제2기(2001~2005년도) 과학기술 기본계획의 원년으로 삼아 '정보통신, 환경, Life science, 나노테크놀로지(Nano technology), 재료기술'을 국가 연구 개발 투자의 중점 전략 분야로 선정하였다. 이 계획은 '혁신을 장려하고 과학을 발전시키고자' 하는 큰 아젠다를 기초로 국가 과학기술 진흥을 국가 정책의 최우선순위에 두고자 하는 것이다. 이를 통해 정부는 물론 각 기업 및 산업체, 대학 연구기관 전체의 연구 개발 능력을 높이기 위해 이를 지원하는 조건과 환경을 개선하여 유연하고 경쟁력 있는 과학기술의 발전을 도모하고자 하였다.

주목할 것은 2001년 제2의 과학기술 5개년 기본계획에 처음으로 노벨상 획득을 과학기술발전 계획 지표로 선정했다는 것이다. 노벨상 100주년이었던 2001년에 '50년 이내에 30개의 노벨상을 획득한다'는 구체적인 계획을 세운 일본 정부는 스웨덴의 카롤린스카 연구소 내에 「연구 연락 센터」를 설립했다. 이 같은 일본의 '노벨상 프로젝트'는 세계 각국에서 주목받을 만한 것이었다. 노벨상이 한 국가의 과학 수준을 모두 대변해 주는 것은 아니지만, 2000년대 일본의 노벨상 수상이 수차례 들려오는 것은 결코 우연이 아니며, 이 같은 성과를 위한 일본 정부의 노력이 있었다는 사실 때문이다.

실제로 일본은 연구개발에 상당한 비용을 지출하고 있다. 아래 그림은 주요 국가들의 R&D 지출 규모를 달러를 기준으로 하여 비교한 그림이다. X 축이 GDP에서 R&D 지출이 차지하는 비중을, Y 축이 R&D 지출 규모(십억 달러)를 나타내고 있다. 월스트리트 저널(WSJ)에 따르면 올해 주요 국가들의 R&D 지출 규모를 비교해볼 때 일본은 미국, 중국에 이어 가장 많은 R&D 지출을 하는 국가인 것으로 나타났다[64]. 전체 GDP

<그림 64> R&D 비중 비교도

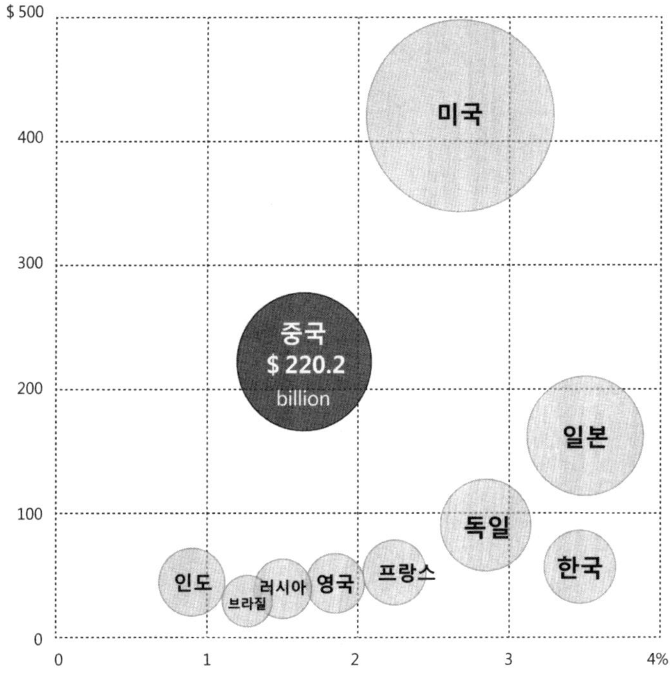

출처 : The Wall Street Journal 2013. 09. 29.

64) "*China's Top-Down Take on Innovation*", Wall Street Journal 2013. 09. 29. (http://online.wsj.com/news/articles/SB10001424052702304795804579099640843773148)

에서 차지하는 비중을 보아도 한국과 더불어 가장 오른쪽에 위치하고 있다는 것을 알 수 있다.

OECD에서 발표한 'OECD 과학기술산업 스코어보드 2013'의 국가 간 비교에서도 역시 일본은 R&D 투자 비중이 높은 국가(4위, 2.61%)로 나타났다. 후술하는 바와 같이 1위는 이스라엘로 4.38%이다. 산업강국인 일본의 명성이 바로 이러한 노력의 결과로 가능했다고 볼 수 있다.

이스라엘과 일본은 10년 전인 2001년에도 OECD 국가들 중 1위와 4위의 동일한 순위였던 것으로 나타난다. 이들 국가들은 순위의 변동 없이 10년 동안 꾸준히 R&D 투자 규모를 유지해왔던 것으로 보인다. 이것이 이들 두 국가의 정부경쟁력을 유지하는 기초체력이 되는 것이다.

<그림 65> OECD 국가의 GDP 대비 R&D 집약도 국제비교 (2001, 2011)

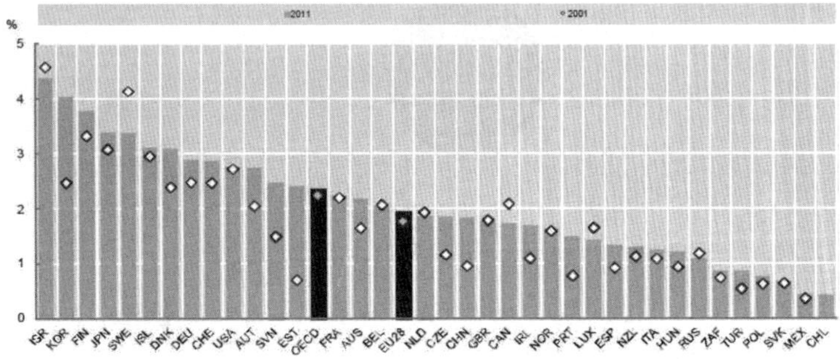

자료: OECD MSTI 2013, OECD STI Scoreboard 2013, 미래창조과학부 2013년 10월 24일 보도자료에서 재인용

이처럼 일본 정부는 위에서 언급한 과학기술 5개년 기본계획과 같은 계획 수립뿐만 아니라 재정적으로도 상당한 수준의

R&D 분야에의 투입을 아끼지 않고 있다. 이와 같은 정부의 노력과 지원에 힘입은 일본의 R&D 분야의 혁신 지향적인 분위기는 기업들의 R&D 투자에도 영향을 미치고 있다. 아래 그림은 2007년 10월 유럽연합(EU) 집행위원회가 발표한 전 세계 기업들의 연구개발 투자 동향에 관한 연례보고서에 따른 기업들의 R&D 투자 규모 순위이다.

유럽 내 상위 1000개 기업과 비유럽 상위 1000개 등 총 2000개 회사를 대상으로 실시된 조사 결과를 발표한 이 보고서에 따르면, 2006년 R&D 투자에 58억 유로(약 7조 5000억 원)를 쏟아 부은 미국 화이자(Pfizer)가 1위를 차지한 것으로 나타났다[65]. 포드 자동차(Ford Motor), 존슨앤드존슨(Johnson & Johnson), 마이크로소프트(Microsoft)가 그 뒤를 이어 미국 기업들이 1위부터 5위까지 휩쓸어 초강세를 보였다. 그러나 도요타(Toyota, 6위), 마츠시타(Matsushita Electric, 19위), 소니(Sony, 21위), 혼다(Honda Motor, 22위), 닛산(Nissan Motor, 29위), 히타치(Hitachi, 31위), 도시바(Toshiba, 37위), NTT(38위), 캐논(Canon, 45위) 등 상위 50개 기업 중 일본 기업이 9개나 포함되어 일본 기업들 역시 세계적인 수준으로 R&D에 투자하고 있는 것으로 나타났다.

한국 기업은 삼성전자(10위) 외에 포함된 기업이 없어, 미국, 일본, 독일 등의 기업들에 비해 한국 기업들의 R&D 투자

---

65) 출처 : *"R&D 투자 1위 기업은 '화이자' … 포드 · 존슨앤드존슨 뒤이어"* 한국경제 2007년 10월 7일 (http://news.naver.com/main/read.nhn?mode=LSD&mid=sec&sid1=101&oid=015&aid=0000999857)

규모가 적다는 점은, 여전히 아시아에서 연구개발에 투자를 아끼지 않는 국가로는 일본을 손꼽게 된다는 사실을 상기시킨다.

<그림 66> 세계 기업의 R&D 투자 규모 순위

출처: 한국경제 2007년 10월 7일 자

그런데 여기서 한 가지 의아한 점을 발견할 수 있다. 2001년과 2011년 모두 일본이 4위를 차지한 OECD 국가의 GDP 대비 R&D 집약도 순위인 위의 <그림 66>를 보면, 2001년과 2011년의 순위 변동이 가장 심한 나라는 대한민국으로, 2011년에는 무려 2위를 차지하고 있는 것을 볼 수 있다. 비록 10년간 꾸준히 세계적인 수준의 투자규모를 유지한 일본과 이 양 연도간의 순위를 두고 직접 비교는 어렵지만, 적어도 2010년대 들어서 한국의 R&D 투자 규모 역시 최상위권의 수준으로 성장하였다는 것을 알 수 있다. 특히 이 순위가 포함된 'OECD 과학

기술산업 스코어보드 2013' 의 다른 몇 가지 순위[66]에서도 2011년에는 일본보다 앞선 부분들이 있다.

그런데 정부경쟁력 R&D 분야 비교에서 일본은 2위를 차지한 것에 비해 한국은 16위를 차지하는 데 머물렀을까? 그 원인을 짐작하게 해주는 표현이 있다. 바로 '깨진 독'이다.

2011년 GDP 대비 R&D 투자 규모 순위가 OECD 국가 중 2위를 차지했을 만큼 한국의 R&D 투자는 양적으로 매우 큰 성장을 이루었다. 또한, 2012년 기준 한국의 정부지원 R&D 과제 성공률은 90%에 달했는데, 대체로 10% 정도에 불과한 것과 비교하면 거의 불가능한 수준의 성공이다. 이를 두고 일각에서는 그만큼 성공할 가능성이 높은 평범한 과제들 위주로 R&D 국가 예산이 투입되었다는 것을 의미한다고 지적한다. 그리고 세계적 원천기술로 인정받거나 새로운 시장을 창출할 수 있는 기술이 개발되지 않는 '깨진 독'에 그간 더 많은 물을 붓는 것에만 관심이 치중되어 있었다는 것이다.

실제로 한국과 일본의 기술무역수지를 비교해보면 양 국의 R&D 투자 시스템의 차이를 짐작할 수 있다. 기술무역수지비는 '국가 단위의 기술력 수준을 거시적으로 보여주는 지표'로, 쉽게 말해 기술 수출액과 기술 도입액의 비를 말하는 것이다. 한국무역협회 국제무역연구원에 따르면 한국의 2011년 기술무역수지는 59억 달러 적자, 기술무역수지비는 0.41로 OECD 국가 중 최하위 수준인 것으로 나타났다. 즉 다른 나라

66) 예를 들어 '과학기술 분야 박사학위자 비율(동연령인구 대비)'이나 '고용인력 1,000명당 연구인력 수 국제비교'와 같은 부분들에서는 한국이 일본보다 높은 순위인 것으로 나타났다.

에 판 기술이 사들인 기술의 절반도 안된다는 것이다. 반면 일본은 기술무역수지비 5.75로 미국, 독일, 영국 등의 선진국과 비교할 때에도 3배가 넘는 훨씬 높은 수지를 자랑하고 있다. 2008년 3.71이었던 것과 비교해도 일본은 꾸준히 세계 최고 수준의 기술무역수지비를 나타내고 있다는 것을 알 수 있다.

<표 21> OECD 주요국 기술무역수지비 (단위: 백만 달러)

구분	일본	스웨덴	영국	오스트리아	미국	핀란드	독일	한국
기술 수출액(A)	29,887	20,923	49,175	9,215	113,057	10,750	61,110	4,030
기술 도입액(B)	5,197	11,548	27,223	5,480	77,286	8,006	59,097	9,900
기술무역 수지비(A/B)	5.75	1.81	1.81	1.68	1.46	1.34	1.15	0.41

주: 2011년 잠정치 기준
자료: OECD, Main Science and Technology Indicators, 2012. 1.
출처 : 문병기·이정현(2013). 창조경제 실현을 위해 기술무역이 나아가야 할 길. 한국무역협회 국제무역연구원. p.4.

이처럼 일본은 오랜 기간 꾸준히 R&D 분야에의 아끼지 않는 투자와 효율적인 관리, 이를 위한 정부의 지속적인 노력과 자국 과학 기술 발전을 우대하는 사회적 분위기로 아시아에서뿐만 아니라 세계적으로 인정받는 과학 기술 강국으로서의 위치를 유지하고 있다. R&D 정책분야 정부경쟁력에서 2위를 차지할 만큼 이 분야는 일본이 가장 강한 분야라고 할 수 있다. 창조경제를 새 국정운영 방향으로 설정한 박근혜 정부가 과학기술과 정보통신기술 융합을 통해 새로운 부가가치를 창출하고자 한다며 강조하고 있는 만큼 이 분야에 있어서만큼은 일본 정부의 노력을 눈여겨보아야 할 것이다.

3. 과학기술 발전과 발맞출 때까지, 정보통신기술(ICT)

위에서 살펴본 것처럼 일본의 과학기술 R&D 분야는 세계 최고 수준의 정부경쟁력을 보이고 있다. 그러나 일견 비슷할 것으로 보이는 정보통신기술의 경우에는 상대적으로 미흡한 모습을 보이고 있다. 본 연구진의 정부경쟁력 순위에서 ICT 분야는 13위인 것으로 나타나, 2위를 차지한 R&D 분야에 크게 못 미치는 것으로 나타났다.

일본 정부는 '행정정보화추진계획(1994년 12월 25일 수립, 1997년 12월 20일 개정)'으로 1995년에서 2002년까지 행정정보의 전자적 제공 및 신청의 전자화 등 행정정보화를 추진하였다(한국정보화진흥원, 2012)[67].

일본의 정보화 정책을 담당하는 총괄기관은 '고도정보통신네트워크사회 추진전략본부'로서, 수상이 본부장도 겸임한다. 동 기관은 2001년 설치되었으며, 해당 정보화 추진을 위한 주요 정부 정책을 수립하고, 이후 범정부 차원의 정보화 정책을 추진해 나가고 있다.

정부경쟁력이란 측면에서 볼 때, 정보화추진 조직이 다원화되어 있다는 것이 하나의 문제점이다. 즉, 일본 정부 조직 내에서는 내각부, 내각관방부, 총무성, 경제산업성 등이 각각 정보화 관련 주요 사업에 참여 및 추진하고 있다. 정책의 일관성

---

67) 한국정보화진흥원. (2012). 글로벌 시대를 선도하는 ICT분야 국가경쟁력 제고방안 연구. 서울: 한국방송통신전파진흥원.

과 추진력이라는 측면에서 문제가 있는 것으로 보인다.

이론적으로는 분업이 되어 있다. 즉 IT 전략본부에서는 '정보화전략'을 수립한다. 이를 바탕으로 각 부처가 실시할 구체적인 시책을 명시한 '중점계획'을 수립한다. 2010년 5월에는 '새로운 정보통신기술 전략'을 발표하였는데, 이는 과거의 IT 전략의 연장이라기보다는 새로운 국민주권사회 확립을 위해 구성된 3대 중점전략[68]을 중심으로 구성되었다(한국정보화진흥원, 2012).[69]

물론 일본정부는 정보화 관련 정책을 매년 수립하고 관련 투자를 늘리는 등 각고의 노력을 하고 있다. 2012년 OECD가 발표한 '2012 인터넷 경제 전망(Internet Economy Outlook)'을 분석한 결과 일본은 38개 조사 대상 국가 가운데 ICT기업들의 국내총생산(GDP) 대비 R&D 투자규모가 7위인 것으로 나타났다[70]. 국가 전략을 통한 정부의 정책적 지원과 점차 증가하

---

68) 첫째, 국민주권의 관점에서 정부 내의 정보통신기술 혁명을 철저히 수행하여, 국민 본위의 전자행정을 실현한다. 둘째, 정보통신기술을 최대한 활용하여 의료, 고령화사회, 교육, 지역활성화와 안전대책을 위한 정보화인 지역 유대의 재생을 추진한다. 셋째, 신시장의 창출과 국제적 전개를 추진한다.

69) 한국정보화진흥원. (2012). 글로벌 시대를 선도하는 ICT분야 국가경쟁력 제고방안 연구. 서울: 한국방송통신전파진흥원.

70) 1위 핀란드, 2위는 대만, 3위 한국, 4위 이스라엘, 5위 스웨덴, 6위 미국, 7위 일본, 8위 아이슬란드, 9위 싱가포르, 10위 아일랜드, 11위 덴마크 순으로, 한국이 3위를 차지해 세계 최고 수준의 ICT 투자 규모를 보여주고 있으며 일본보다 앞선 것으로 나타났다. 대만이 OECD 회원국이 아니기 때문에 OECD 국가 중에서는 한국이 2위, 일본이 6위이다. 출처 : "*OECD " 한국 IT기업 GDP대비 R&D투자 세계 2위"*", 조선비즈, 2012년 11월 4일 (http://biz.chosun.com/site/data/html_dir/2012/11/04/2012110401013.html)

고 있는 ICT 분야의 기술개발을 위한 투자 규모 등 일본 역시 세계 최고 수준의 정보화 인프라를 구축한 국가임은 확실하다.

<그림 67> Global Innovation Index 2013 중 ICT 순위

Rank	Country	Score	Value	Percentage Rank	Score View
1	Korea, Republic of	87.3	-	100.0	
2	Singapore	87.3	-	99.2	
3	Hong Kong (China)	86.9	-	98.5	
4	Netherlands	86.5	-	97.8	
5	United Kingdom	86.2	-	97.1	
6	United States of America	80.2	-	96.4	
7	Germany	77.7	-	95.7	
8	Sweden	77.6	-	95.0	
9	Norway	75.1	-	94.3	
10	Israel	74.6	-	93.6	
11	Japan	74.4	-	92.9	
12	Finland	74.2	-	92.1	
13	Australia	73.9	-	91.4	
14	Denmark	73.3	-	90.7	
15	Canada	71.6	-	90.0	
16	France	71.5	-	89.3	
17	Estonia	70.2	-	88.6	
18	Luxembourg	69.0	-	87.9	

그러나 그럼에도 불구하고 일본은 투입에 비해 ICT 부문에서의 충분한 성과를 내지 못하고 있는 것으로 평가되고 있다. 실제로 여러 정보화 관련 지수 및 국제 순위들을 살펴보면 일본의 정보화 수준은 전자정부발전지수 11위(2010년), 디지털경제지수 16위(2010년), 네트워크준비지수 19위(2011년), ICT 발전지수 8위(2010년)인 것으로 나타났다.

아래의 표는 142개국을 대상으로 Johnson Cornell University와 INSEAD(The Business School for the World), WIPO(World Intellectual Property Organization)가 조사하여

발표한 2013년 글로벌 혁신 지수(GII: Global Innovation Index)에 포함된 ICT 분야 순위이다. 한국이 1위를 차지한 가운데, 일본은 11위에 위치하고 있는 것을 알 수 있다.

<표 22> Global Innovation Index 2013 중 ICT 순위

순위	국가	점수	Percentage Rank
1	대한민국	87.3	100
2	싱가포르	87.3	99.2
3	홍콩(중국)	86.9	98.5
4	네덜란드	86.5	97.8
5	영국	86.2	97.1
6	미국	80.2	96.4
7	독일	77.7	95.7
8	스웨덴	77.6	95
9	노르웨이	75.1	94.3
10	이스라엘	74.6	93.6
11	일본	74.4	92.9
12	핀란드	74.2	92.1
13	호주	73.9	91.4
14	덴마크	73.3	90.7
15	캐나다	71.6	90
16	프랑스	71.5	89.3
17	에스토니아	70.2	88.6
18	룩셈부르크	69	87.9

출처:(http://globalinnovationindex.org/content.aspx?page=data-analysis)

과학기술의 발전과 꾸준한 투자 노력으로 눈부신 성과를 보여주고 있는 일본으로서는 ICT 분야만큼은 한국의 뒤를 좇는 형국이 되었다. 이에 따라 일본정부는 미흡한 ICT 관련 거버넌스 체계를 구축하고자 노력하고 있다. 따라서 '전자행정 추진의 기본방침'을 책정하는 등, 전자정부 구축을 위한 강력한 추진체계의 개혁 단계에 착수하였다(한국정보화진흥원, 2012)[71]. 과학기술 R&D의 수준에 못 미치는 ICT 분야에 대한 이러한 일본 정부의 경각심과 정부 차원의 노력은, 향후 일본이 경쟁력을 갖추기 위해 전략적으로 접근할 분야 중 하나가 ICT 분야가 될 것임을 보여주고 있다.

71) 한국정보화진흥원. (2012). 글로벌 시대를 선도하는 ICT분야 국가경쟁력 제고방안 연구. 서울: 한국방송통신전파진흥원.

제 8 장

작지만 눈여겨 봐야할 나라: 이스라엘의 정부경쟁력

<좌전左傳 소공4년(昭公四年)[72]>에 이런 말이 기록되어 있다. "鄰國之難, 不可虞也。或多難以固其國, 啟其疆土；或無難以喪其國；失其守宇" 즉 이웃 나라의 어려움을 즐기는 것이 어려운 이유는 어떤 나라는 어려움으로 그 나라를 굳건히 하고 그 영토를 넓히기 때문이며, 또 어떤 나라는 어려움이 없는데도 그 나라를 잃고 땅을 잃기 때문이다[73].

위 고사는 나라에 재난이 많을 때 국민들이 분발하여 나라를 부강하게 한다는 뜻인 "다난흥방多難興邦"으로 흔히 사용되고 있다. 많은 고난 속에서 생존해온 국가는 오히려 더욱 강해질 수 있는 것이다. 그리고 이스라엘이 바로 수많은 고난을 겪으면서 더욱 부강해진 국가 중의 하나이다.

72) 기원전 538년
73) 춘추좌전: 좌구명 지음 ; 장세후 옮김; 을유문화사 2012-2013 <소공4년>

<그림 68> 이스라엘의 지정학적 위치

출처: 포털사이트 DAUM

척박한 땅과 평화를 유지하기 어려운 불안정한 국제 정세 등 대내외적으로 어려운 환경 속에 있기 때문에, 이스라엘은 국가의 힘을 키우기 위해 정부 차원에서 다른 국가와 '조금은 다른' 도전을 추구할 수밖에 없었다. 그리고 이러한 점이 후술하는 이스라엘 정부의 경쟁력이 되어, 강소국 이스라엘을 만들어내는 원동력이 될 수 있었다고 볼 수 있다.

결과적으로 정부경쟁력센터에서 조사한 정부경쟁력 순위에 따르면, 이스라엘은 OECD 34개국 중에서 20위를 차지하였다. 2012년 IMD의 세계경쟁력보고서(World Competitiveness Yearbook)에 근거한 국가경쟁력 순위도 총 59개국에서 19위를 기록한 바 있다. 각각의 세부지표를 살펴보면, 이스라엘은 특히 교육, R&D, 농업식품 등의 분야에서 상위권을 차지하고 있는 것을 알 수 있다.

<표 23> 이스라엘의 분야별 정부경쟁력 순위

	종합	경제	교육	보건복지	농업식품	R&D	ICT	환경	문화관광	총괄
이스라엘	20	22	11	15	2	8	17	29	17	25

그리고 이러한 이스라엘의 각 분야별 정부경쟁력은 아래의 그림을 통해 더욱 직관적으로 살펴볼 수 있다.

<그림 69> 이스라엘의 분야별 정부경쟁력

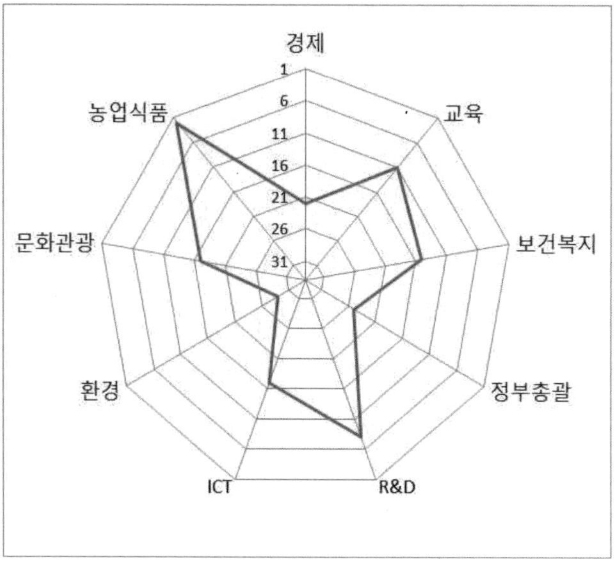

1. 척박한 땅

아래의 지도에서 볼 수 있다시피 이스라엘은 남북으로 길게 뻗어있는 형태의 영토를 가지고 있다. 서부 해안선의 일부

평야 지대를 제외하고 북동부에는 화산의 폭발로 형성된 골란 고원, 남부 지역 역시 분화구와 바위로 이루어진 고원 지역이 영토의 대부분을 차지하고 있다.

특히 이스라엘 동남부에 위치한 네게브 사막(Negev)은 이스라엘 땅의 절반 이상을 차지하고 있다. 또한 기후적인 악조건으로 강우량이 불균형적이고 절대량 역시 적어 수자원이 매우 부족하다. 심지어 기타 자연 자원마저도 부족하다. 중동에서 자기 집 뒷마당에서 삽질만 몇 번 해도 솟아나올 정도로 풍부하다는 석유자원도 부족하여 수입에 의존하고 있는 국가가 이스라엘이다.

<그림 70> 이스라엘의 지리

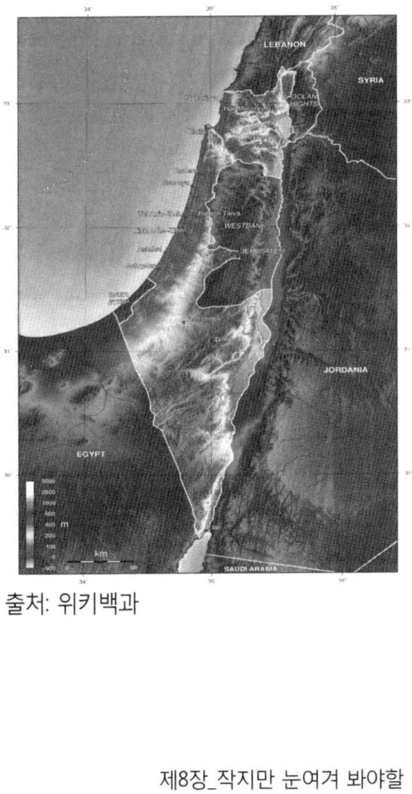

출처: 위키백과

2. 평화를 갈망하는 땅

과거 전통적인 농경시대에서 사람들의 사교범위는 제한되어 있어 "좁은 울타리"에서만 활동한 반면에, 사람들 간의 연대관계는 투철하였다. 하지만 현대사회에 들어서면서 기술의 발전과 함께 기존의 인적 교류를 제한하던 공간적 문제 및 기타 장애들이 해소되었지만, 실질적인 인간관계는 오히려 서먹해졌다. 바다를 접해있는 형제보다 벽을 접해있는 이웃이 낫다는 말도 이제는 더 이상 받아들이기 힘들어 졌다. 이웃끼리 내왕하지 않는 것이 오히려 가장 편안한 상태가 되었고, 그러기 때문에 "불량이웃"을 만나면 정상적인 생활에 지장이 줄 정도로 골치 아픈 일이 된다.

국가 간 관계, 교류에 있어서도 마찬가지다. 이웃 국가의 안정과 발전 상태는 자국 발전에 거대한 영향을 주고 있으며, 이는 역사적으로도 증명된 바이다. 하지만 이스라엘은 그들의 입장에서는 그다지 좋은 이웃을 두지 못했다. 이스라엘 주변국의 이름에 대해서 다들 생소하지는 않을 것이다. 북쪽으로는 레바논, 북동쪽으로는 시리아, 동쪽으로는 요르단, 남서쪽으로는 이집트와 접해 있고 이란과도 지리적으로 가까운 거리를 유지하고 있다.

이러한 이웃 국가들의 국내 형세는 불안정할 뿐만 아니라 영토, 역사, 종교 등과 같은 사회문화적 차이로 인하여 이스라엘은 중동 국가들과 심각한 마찰을 겪고 있다. 특히 1948년 신생국으로 영토를 갖기 시작한 이후, 중동국가들과 여러 차례 전쟁을 치뤘으며, 국내적으로도 팔레스타인과 분쟁이 지속되고 있다. 이스라엘의 국화가 평화를 상징하는 올리브인 데에는 이러한 불안정한 정세와 평화에 대한 이스라엘 국민의 갈망을 표현하고 있는 것이라고 볼 수 있다.

<그림 71> 이스라엘의 국장

양쪽에는 평화를 의미하는 올리브 가지가 감싸고 있다.

출처: 위키백과

3. 기적의 땅

이스라엘은 60여 년의 건국역사를 가지고 있는 신생아 같은 나라이다. 하지만 또한 중동국가에서의 유일한 선진국이고 2010년에는 OECD 회원국 가입이 승인되기도 하였다. 아래의 표를 보면 이스라엘의 GDP는 연간 4%의 성장세를 유지하면서, 2011년 일 인당 국민소득이 3만 달러를 넘고 있다. 또한 실업률 및 인플레이션율도 안정적인 비율을 유지하고 있다.

<표 24> 이스라엘의 경제 지표

지표	2012	2011	2010	2009	2008
GDP(B$)	241	241	202	193	191.8
GDP실질 성장률 (%)	3.3	4.7	4.7	0.8	4.2
일 인당 GDP ($, 실제 구매력 기준)	30,486	31,005	29,531	28,581	28,473
실업률(%)	6.8	5.7	6.6	7.6	6.1
인플레이션율 (CPI, 연말)	1.7	3.5	2.7	3.3	4.6

출처: The Ministry of Finance of Israel (2013), Central Bureau of Statistics (2012)

또한 이스라엘의 주변 국가들인 이란, 시리아, 요르단, 이집트 등 중동국가와 비교하여 봤을 때, 이스라엘이 비교적 빠른 경제성장과 안정된 국내 경제환경을 구축해 왔음을 알 수 있다. 구체적으로 GDP 증가율을 보면, 이란과 시리아의 GDP 증가율은 오히려 감소하였으며, 요르단 및 이집트는 2~3%를 기록하였다. 또한 이란 및 시리아는 35%를 넘은 높은 인플레이션율을 가지고 있으며, 게다가 4개 국가 모두 2자리 수의 실업률을 기록하고 있다. 같은 중동 지역의 국가지만 경제성장 및 국내형세에서 이스라엘과 인접 중동 국가들은 지표에서 많은 차이점을 나타내고 있다.

<표 25> 이란, 시리아, 요르단, 이집트의 경제 현황

국가	GDP (B$)	전년 대비 GDP	실업률(%)	인플레이션율
이란	549	-5.90%	11.20%	37%
시리아	74	-2.30%	14.90%	49.50%
요르단	31	3.10%	14.00%	5.45%
이집트	257	2.10%	13.30%	10.50%

출처: http://www.tradingeconomics.com/ 수치 정리

4. 자연자원 결핍의 축복, 교육과 R&D 부문의 성장

이스라엘은 "자연자원의 저주(Natural resource curse)"를 받은 나라라고 묘사할 정도로 자연자원이 부족하다. 더구나 정치적, 지리적으로도 불안정한 지역에 위치해 있기 때문에 국가 발전의 저해 요인이 많았다고 볼 수 있다. 하지만 이스라엘이 처한 어려움 앞에서 오히려 이스라엘 정부의 목표는 더욱 명확하였다.

역사적으로 이스라엘은 산업 발전을 충족시킬만한 내수가 부족한데다가, 이웃 국가와의 정치적 관계가 불안정하였기 때문에 이웃 나라와의 긴밀한 경제협력이 불가능했다. 지역 무역에 의존할 수 없는 상황에서 이스라엘 정부는 산업 발전의 시야를 국제 시장에 두었다. 국제 시장에서의 성공을 위해서는 기술과 혁신이 필요하고, 또한 기술과 혁신은 인재가 필요하다는 논리적 사이클에 따라 이스라엘 정부의 전략이 결정되었다고 볼 수 있다. 즉, 이스라엘 정부는 자연 자원의 결핍을 보완할 수 있는 지식 자원의 개발에 집중하였다.

1948년 건국 초기부터 이스라엘 정부는 과학연구 분야의 고급인재 육성에 초점을 두었다. 또한, 사회수요와 대학교육을 밀접히 연관시켜 시장의 수요에 맞는 인재를 산출하였다. 실제로 OECD 통계에 의하면, 이스라엘 국민의 45%가 대학 교육을 받았는데 이는 세계에서 가장 높은 수치 중 하나이다. 또한 스위스 국제경영개발원(IMD)의 <세계경쟁력보고서>에 의하면 이스라엘은 60개의 선진국들 중에서 '대학 교육이 경쟁적인 경제의 필요와 요구를 충족한다.'라는 항목에서 2위를 차지하고 있다.

그리고 이스라엘은 창의력 위주의 교육을 해 왔다. 1948년 건국 이후 63년 동안 화학상 외에도 평화상 3명, 경제학상 2명, 문학상 1명 등 모두 10명의 노벨상 수상자를 배출했는데, 이는 전 세계적으로 인구 대비 가장 많은 노벨상을 수여받은 것에 해당한다.

이스라엘 교육의 또 하나의 특징으로는 군대의 촉매작용을 들 수 있다. "다른 곳의 학생들이 가장 우수한 학교에 들어가기 위해 무엇을 해야 하는지를 생각할 때 많은 이스라엘의 학생들은 이스라엘 방위군(Israel Defense Forces, IDF)의 엘리트 유닛에 들어가기 위한 준비를 한다."[74]라는 말이 있을 만큼 이스라엘 교육에서 군대의 역할을 상당하다.

이스라엘에서는 징병 연령이 되기 약 1년 전부터 모든 17살의 남녀 학생들은 IDF의 신병모집센터에서 능력·적성 검사, 심리 검사, 신체 검사 등의 1차 심사를 받게 된다. 심사 후 점수에 따라 등급이 매겨지는데 등급에 따라 지원 가능한 부대가 주어지고 모든 면에서 요구 조건을 충족한 후보들만이 IDF의 엘리트 유닛에 들어갈 기회를 얻을 수 있다. 그 후 여러 차례의 집중적이고 엄격한 심사를 거쳐 20여 명의 최상위 엘리트 병사가 선발되어 훈련에 돌입하게 된다. 정규 군복무 기간의 훈련을 통하여, 이들은 우수한 능력을 가진 진정한 국가 엘리트로 성장하게 되어 정부경쟁력 제고의 역군이 된다.

---

74) 창업국가 : 21세기 이스라엘 경제성장의 비밀 / 댄 세노르, 사울 싱어 지음; 윤종록 옮김; 다 미디어, 2010

이스라엘에서 가장 들어가기 어려운 부대는 탈피오트(Talpiot)이다. 탈피오트는 "성취의 정점"이라는 뜻을 가지고 있는 부대이다. 이 프로그램에 참여하는 병사들은 6년 동안의 군복무를 포함하여 최소 9년을 군대에서 보내게 된다. 군복무 기간 초엘리트들은 빠른 속도로 학위과정을 이수함과 동시에 기술, 군사, 또한 기초훈련을 함께 하여 폭넓은 지식을 습득할 뿐만 아니라 끊임없는 미션을 달성하여 리더십과 팀워크능력을 향상시키게 된다.

이 프로그램은 막대한 자금을 적은 인원에 투자하여 많은 비판을 받았지만 초엘리트 양성을 통해 얻은 경제적 수익은 이러한 비판들의 힘을 잃게 하였다. 탈피오트 출신의 엘리트들이 군복무 기간에 창조한 유·무형의 가치는 정부에서 투자한 훈련비용을 환원할 수준이라고 여겨진다. 나아가서, 이들은 제대 후에도 (기술 관련) 기업이나 학문 분야에 정착하여 지속적으로 이스라엘의 경제와 사회에 엄청난 기여를 하였다.

한편, 자국 국민의 교육과 함께 이스라엘에 있어서 또 하나의 인재 육성 방식은 이민 정책을 통하여 실현되고 있다. 이스라엘의 이민 숫자는 해마다 증가하고 있다. 이는 이스라엘 정부의 이민자에 대한 지지 및 긍정적인 태도와 밀접한 관련이 있다. 이스라엘로의 이민은 유대인들에 있어서 역사적인 고향에 돌아가는 것이고, 이스라엘 정부에는 단순한 인구증가의 의미와 함께 다양한 재능, 자본을 비롯하여 새로운 생각과 창의도 동반하여 유입되는 효과를 갖게 한다. 특히 이스라엘로의 수많은 이민자 중, 과학자 및 엔지니어 수가 100,000명을 넘었다. 이로 인해 이스라엘의 인구 만 명당 엔지니어 수가 무려 140명 수준에 이르게 되었다. 이 수치는 전 세계적으로도 1위를 차지한 수치이며, 또한 2위, 3위를 차지한 미국과 일본의 2배를 넘어선 수치이다. 건국 60여 년 사이에 이런 수치를 기록하는 것은 고급 인재의 수입 없이는 실현되기 어려운 기록이라 할 수 있다.

이처럼 이스라엘로 몰려 들어오는 이민자들은 사회경제적으로 거대한 압력을 주기도 하지만 정부는 이민자에 대한 훈련과 교육 등의 다양한 프로그램을 제공한다. 정부의 이러한 프로그램을 통하여 여러 계층의 이민자들, 특히 고급인재들의 적응을 적극적으로 도와주고 있다. 인적자원의 중요성을 인정한 정책이다.

또한, 이스라엘 국가 내 산업 자체의 신속한 발전도 이민자 수의 증가에 충분한 공간적 여지를 제공해주고 있다. 그리고 이러한 정부 주도의 적극적인 이민 정책이 이끌어 낸 이스라엘 내 산업의 발전과 인재 육성을 통해 산출된 새로운 기회들은 지속적으로 미국 및 유럽계 유대인의 귀향조류를 불러일으키고 있다. 이스라엘 정부경쟁력은 바로 이러한 인적 자원 중시의 정책 방향에서 나오는 것이다.

5. 세계지식경제의 중심을 목표로

이스라엘은 상술한 인재 양성 정책을 기반으로 세계지식경제의 중심에 서는 것을 목표로 하고 있다. 최근 이스라엘이 첨단 기술 분야에서 기적과 같은 성과를 얻게 된 것은 정부의 적극적인 지지가 매우 중요한 요인으로 작용하였다.

우선, 이스라엘에서는 교육에 대한 강도 높은 투자와 대규모 이민을 강화하는 정책을 통하여 풍부한 인적자원을 구성하였다. 또한 투자 증대에 따른 혜택을 강화하여 외국투자자의 산업 투자를 가속했고, 특히 R&D 부문에 대한 정부 지원을 강화하였다.

초창기, R&D 부문에 대한 정부지원은 민간투자자지원 및 이민격려정책보다 뒤쳐졌다. 하지만 경제발전속도와 이민증가율이 떨어지면서, 새로운 발전방향을 찾은 결과 민간 R&D 부문 지원에 초점을 맞추게 되었다. 1960년대 산업·무역·노동부(Ministry of Industry, Trade and Labor)산하의 Office of the Chief Scientist(OCS)에서는 민간 R&D 부문에 대한 정부의 지원을 주도하였다. 1984년에는 Law for the Encouragement of Industrial R&D(LEIRD)법의 통과와 함께 민간부문의 R&D에 대한 정부지원이 법률적 근거를 얻게 되었다. OCS에서 운영하는 여러 가지 국내·국제 프로그램은 혁신 과정의 모든 범위를 포함하여 전 방위적으로 시장실패를 보완하는데 적극적인 역할을 수행하고 있다.

결과적으로 R&D 에 대한 정부의 지원은 이스라엘의 연구개발 발전에 큰 동력으로 작용하였다. 매년 3억 달러(미국달러) 규모의 정부지원은 지원 대상기업 연구개발비의 20~50%를 차지하고 있으며, 정부지원을 받은 연구개발이 수익을 얻은 경우 기업에서는 연매출의 일정비율을 공제하여 정부에게 지불하여야 한다.[75]

또한 Magnet은 1993년부터 운영되기 시작하였으며, 현재 이스라엘에서 가장 중요하게 다루어지고 있는 정부지원 프로그램 중의 하나이다. 이 프로그램은 첨단기술 연구개발비용이 부족한 기업과 높은 수준의 능력을 가지고 있으나 개발역량이 부족한 대학교를 상대로 하는 지원 프로그램이다. 특히 기반기술(Generic technology) 연구 개발 부문에서 기업은 연구비용의 최대 66%까지, 학술연구는 최대 80%까지 로열티 지불(Royalty payment) 없이 지원해주는 프로그램이다[76].

지리적으로 봤을 때 이스라엘은 주요 국제시장과 멀리 떨어져 있고 국내기업의 규모도 크지 않다. 따라서 국가 경제의 발전을 위해서는 외국기업과의 연구협력, 제조 및 마케팅이 매우 중요하기 때문에 이스라엘 정부에서는 국제협력을 촉진하는데 적극적으로 나서게 되었다. 예컨대 Israel-US BIRD Foundation; EUREKA 참여 및 Sixth Framework Program for R&D(FP6) 등 국제 프로그램을 통하여 이스라엘 기업의 양국간 및 다국간 연구의 참여를 지원하였다. 그리고 결과적으로 이러한 정부 차원의 대규모 연구개발지원은 교육의 뒷받침과 함께 이스라엘의 R&D 발전에 환경적, 재정적 지지를 제공해주었다.[77]

---

75)Ministry of Economy, Israel
http://www.tamas.gov.il/NR/exeres/625D5C08-9096-4B88-BAEF-09E7CC0E19A9.htm

76) Ministry of Economy, State of Israel

77) Israel: Factors in the Emergence of an ICT Powerhouse; Soumitra Dutta, AUGUSTO LOPEZ-CLAROS, IRENE MIA, **World Economic Forum**

6. 물려드는 세계자본

이스라엘 정부의 개입이 가장 명확하게 드러나는 영역은 바로 자국 및 외국인 투자에 대한 정책이다. 투자 인센티브 패키지의 법적 근거는 1959년의 Law for the Encouragement of Capital Investment(LECI)인데 LECI는 특히 외국인 투자자에게 세금상의 우대를 제공해 준다.78) 이스라엘의 호의적인 세금 체계와 잘 훈련된 엔지니어 및 과학자들은 국제 시장의 관심을 끌었고 외국 투자를 높이는데 기여하였다. 이스라엘 정부에서 국내 기업의 투자보다 외국인 투자를 우대하는 것은 외국인 투자는 자금 뿐만 아니라 기술, 지식, 경험, 관리이념, 수출경로 등 파생적인 영향을 일으켜 이스라엘의 발전에 필요한 요소들을 제공해 주어 본국 산업의 발전에 큰 도움을 줄 수 있기 때문이다.

<그림 72> 이스라엘의 첨단기술 분야 자본 중 외국투자금의 비중

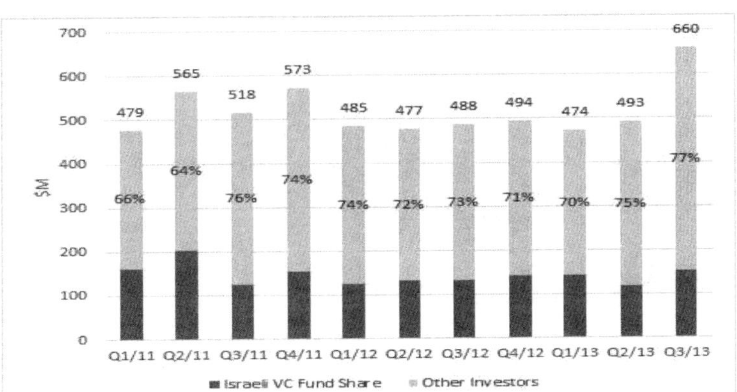

78) Invest in israel; Ministry of industry, trade & labor; state of israel

또한 이스라엘 정부에서는 제조업체에 대한 세금면제제도, R &D 산업에 대한 법적 보호, 연구센터 지원 등의 각종 수단을 통하여 외국인 투자자의 인기를 끌고 있다. Microsoft's CEO Steve Ballmer는 이스라엘 중부 연안에 위치한 헤르즐리야에서 개최된 미국 소프트웨어 연구개발센터 개원식에서 Microsoft 내 이스라엘의 직원 수는 미국의 직원 수와 거의 같다고 하였고 이스라엘처럼 창업기회와 조건이 우월한 나라가 많지 않다고 주장하였다.[79]

언제 공습이 있을지 몰라 안보 면에서 불안한 나라이지만, 외국투자자들에게는 매력적인 조건을 제공하고 있는 것이다.

<그림 73> 이스라엘에 투자한 다국적 기업

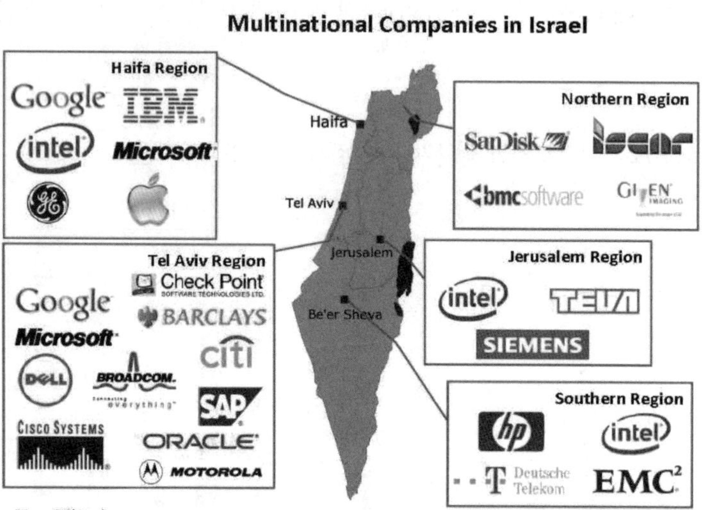

출처: Invest in israel; Ministry of industry, trade & labor; state of israel

79) http://www.haaretz.com/news/microsoft-ceo-in-herzliya-our-company-almost-as-israeli-as-american-1.246287

따라서 많은 다국적 기업들이 이스라엘에 투자를 하고 기업을 운영한다. 투자환경 조성이라는 측면에서 정부경쟁력이 발휘된 것이다.

한편, 미국경제를 사실상 지배하는 것도 유대인이라는 점은 이미 잘 알려져 있다. 정치분야의 유대인 진출도 괄목할만하다. 미국 인구 중 유대인의 인구는 2.1%에 불과하지만, 상원의원의 11%, 하원의원의 5%가 유대인이다. 그러나 무엇보다도 큰 손으로 돈을 움직이는 힘이 가공할 만한 수준이다. 예컨대 할리우드 영화투자의 다수 투자금은 유대인 투자자에 의해 이루어진다. 한 편의 영화가 제작될 때, 좋은 감독, 긴장감 넘치는 대본, 배우들의 출중한 연출력도 중요하지만 우선적으로 가장 중요한 것은 '자본'이다. 제 아무리 세계를 감동시킬 수 있는 작품이라 할지라도 투자자의 자금이 없다면 결국 대중들과 만

<그림 74> 미국의 유대인 파워 피플

출처: 나지홍. "블룸버그(뉴욕시장)·옐런(차기 FED의장)·저커버그(페이스북 CEO) ... 주목받는 美 2% 유대인 파워" 조선비즈 (2013.11.12.)

날 수 없으며, 그저 하나의 아이디어로만 남을 뿐이다.

이처럼 할리우드에서의 유대인 투자자의 막강한 영향력을 단적으로 보여주는 예가 있다. 할리우드에서 사람들이 건배를 할 때 "cheers"를 외치는 대신 히브리어로 "mazeltov"를 사용하여 유대인에 대한 존중을 표현한다고 한다.

게다가 2012년 <포브스(Forbes)>잡지에서 선정한 미국 부호 순위에 꼽힌 전체 40명 중, 무려 절반이 넘는 21명이 유대인이다. 즉, 미국 인구의 2.1% 정도밖에 되지 않는 672만 명의 미국 내 유대인들이 미국 자본의 70%를 부리고 있다는 것이다[80]. 현재 미국 내 유대인들은 미국의 금융시장을 좌지우지할 수 있을 정도의 막강한 세력을 가지고 있을 뿐만 아니라 그 자금은 기타 여러 산업에도 침투되고 있다. 금융대부업에 종사하는 유대인들이 그들의 고향국가인 이스라엘에 대한 투자는 이스라엘의 발전에 필요로 하는 외화를 제공할 뿐만 아니라 기타 긍정적인 영향력을 발휘하고 있다.

7. 불가능이란 없다: 기술력으로 경작하는 농업

농부, 농업, 농촌 등의 단어를 들으면 어떤 그림들이 떠오르는가? 강한 햇빛 아래에서의 농사일로 인해 가무잡잡하게 탄 피부, 깊게 파여 들은 주름, 굵고 거친 두 손, 하지만 소박하고 성실하고 다정한 눈빛 등 사람들이 흔히 그리는 전통 농부의 모습이다. 이런 형상이 떠오르게 되는 것은 노동집약형이자 자

80) "600백만 유대인이 미국을 '통치'하고 있다." 2012년 7월 기사
http://www.newnews.ca/?action-viewnews-itemid-85258

연환경에 많이 의존하는 농업의 특성으로 인하여 현대적인 느낌보다 전통적이고 일손이 많이 가는 형상으로 떠오르기 때문인 것으로 보인다.

그렇다면 정부경쟁력 순위에서 2위에 오른 이스라엘의 농업식품 정책분야는 어떠한가? 이스라엘은 영농업자의 수 및 농지 등과 같이 농업 분야에서 필요로 하는 자원이 모두 부족한 국가로, 농업 발전에 있어서 치명적인 약점을 가지고 있는 국가라고 할 수 있다. 하지만 최근 현대 기술을 통해 농업을 진흥시키면서 세계 농업계의 주목을 받게 되었다.

이스라엘은 정부에 의해 다수의 농지 및 물자원이 관리 및 배분되고 있다. 농부들은 장기 계약을 통해 농지를 임대하며, 물 사용량도 매년 할당되고 있다. 이스라엘 정부는 심각한 물자원 부족에 대응하여 점적 관수기술(Drip Irrigation)을 개발하였다. 그럼에도 불구하고 계속되는 건조로 인한 담수의 부족은 여전히 이스라엘 농업의 발전을 저해하고 있다. 이에 따라 이스라엘에서는 폐수정화기술을 통해 담수자원의 부족을 보완하고자 하였다.

새로운 기술의 발전과 함께 이스라엘 정부는 폐수정화과정 및 이를 사용하는 과정에서 효율성을 높이고 인체건강 및 환경에 미치는 영향을 고려하여 폐수재활용 행위에 대한 규정을 제정하고자 하였다. 그리고 2011년부터는 담수화작업을 통한 폐수의 재활용을 제고하는 기술의 개발을 진행하고 있다. 게다가 이스라엘은 전체 주거지역에서 발생하는 생활하수의 80%를 재활용하여 농업용수로 사용하고 있다.[81]

이스라엘에서는 폐수재활용뿐만 아니라 기술 발전을 통해 심지어 사막에서도 어업을 하는 발상의 전환을 하였다.[82] 사막 지역에서 어류양식을 한다는 것은 사람들의 보편적인 상상을

<그림 75> 이스라엘의 사막 대수층의 활용에 따른 물이용에 관한 NYT 기사

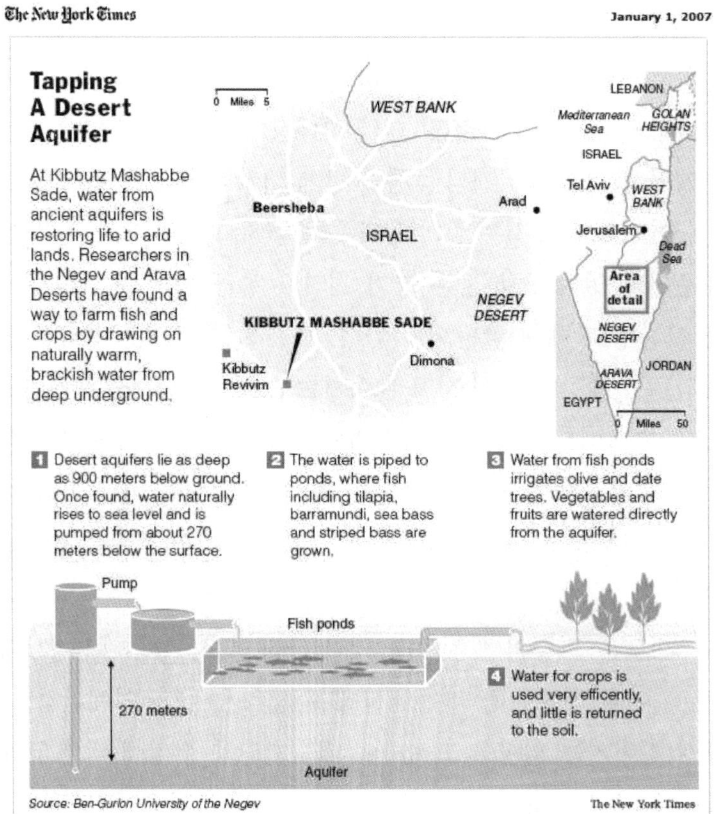

출처: 뉴욕타임즈, 2007년 1월 1일 자.

---

81) 뉴시스아이즈. (2012.07월)

82) http://www.nytimes.com/2007/01/02/science/02fish.html?pagewanted=all&_r=0

초월하는 일이다. 하지만 이스라엘 과학자들은 사막에서 수산양식을 진행하는 기술을 개발하고 있다. 결과적으로 이 기술은 사막에서 수산양식을 가능하게 할 뿐만 아니라 어업에서 활용되는 물 자원을 관수에 재활용하는 이중 활용(Double usage)을 실현하였다. 이는 이스라엘의 수산업을 가능하게 하였을 뿐만 아니라, 물의 이용효율도 제고하였고, 나아가 거대한 기술수출 수익을 얻을 수 있게끔 하였다. 이스라엘 정부의 놀라운 경쟁력 앞에서 '환경의 제약'이란 이제 의미가 무색해졌다.

또한 이스라엘은 노동인구 중 불과 5~7% 만이 농업에 종사하는 등 농업 부문의 적은 인력에도 불구하고 농수산물 생산량의 50% 이상이 수출이 되고 있다. 이스라엘은 자연제한을 극복하는 선진기술로 농업의 슈퍼기술 집약화를 실현하였다. 그리고 이러한 슈퍼기술들은 이스라엘 자국 내 농업발전을 넘어서 세계적으로 유용하게 활용되는 기술이 되었다.

예를 들어 Business reporter 2013년 10월의 기사에 따르면, 이스라엘에서 개발한 클린테크놀로지(Clean technologies)[83]는 아프리카, 라틴 아메리카, 아시아 및 중유럽의 식량 문제의 해결에 쓰이고 있다. 이스라엘의 하이테크(High tech) 산업을 연구하는 IVC 연구센터의 조사결과에 따르면 이 기술에 대한 국제수요는 2012년 전년 4,700만 미국달러를 넘어 2013년 상반기에만 9,200만 미국 달러를 기록하였다고 보도 하였다.

83) 클린테크놀로지는 에너지의 소비효율을 높이고, 낭비 및 환경오염을 줄이는 것을 의미한다.

결과적으로 이스라엘의 농업 발전은 R&D 및 파생시장에 대한 농부들의 높은 적응력과 함께 농업종사자 및 연구개발부문의 협력, 그리고 이스라엘 정부의 적극적인 정책이 일으키는 시너지 효과에 따른 결과라고 할 수 있다.

8. 급속한 발전의 대가

이스라엘은 정부경쟁력센터에서 측정한 정부경쟁력 지수의 여러 부문 중 환경 분야에서 29위라는 가장 낮은 순위를 기록하였다. 그리고 순위로도 알 수 있듯이 이스라엘은 급속한 발전과 함께 심각한 환경문제에도 직면하고 있다. 우선 자연환경의 제약으로 인한 환경 분야에서 태생적인 한계점을 가지고 있다는 것이 사실이다.

상술한 것처럼 이스라엘 국토의 반은 사막으로 이루어져 있으며, 이는 삼림 면적이 작아지는 데 중요한 원인이 되고 있다. 아래의 표에서도 볼 수 있다시피 이스라엘의 삼림면적은 총 토지 면적의 7.1%밖에 차지하지 못하는데 환경 분야의 상위권 국가들인 노르웨이 스웨덴, 스위스 포르투갈 등 나라의 삼림면적은 토지면적의 30%를 넘고 있다.

이스라엘에서 가장 중요하고 심각한 환경이슈는 바로 대기오염문제이다. 상기의 표에서도 볼 수 있듯이 이스라엘에서 석탄연료발전량은 총 발전량의 62.1%를 차지하고 있다. 같은 지표에서 노르웨이는 0.1%, 스위스는 0.0% 등을 기록하면서 에너지 사용 중에서 석탄의 비중을 상당히 낮은 수준으로 유지하고 있다.

<표 26> 국가들의 환경 부문 관련 통계

지표	이스라엘	노르웨이	포르투갈	스웨덴	스위스	영국	미국	일본	한국
인구, 총(백만)	7.3	4.8	10.6	9.2	7.6	61.4	304.1	127.7	48.9
도시 인구(%)	91.7	78.5	59.3	84.8	73.6	79.3	81.6	88.7	82.3
토지 면적 (sq. km)(천)	22	305	91	410	40	242	9,147	365	97
삼림면적 (총 토지면적%)	7.1	32.4	37.7	68.7	30.8	11.8	33.2	68.5	64.3
PM10 (1세제곱 미터 당 마이크로 그램)	26	16	21	10	22	13	19	27	32
가연성 재생가능자원 및 폐기물 (총 에너지%)	0.0	4.9	13.0	20.0	8.4	2.3	3.7	1.4	1.3
이산화탄소 배출량 (1인당 미터톤)	9.7	10.6	5.5	5.3	5.3	8.5	18.6	9.5	10.4
석탄연료발전 (% l)	62.1	0.1	24.6	1.1	0.0	32.7	49.1	27.2	43.2

이스라엘은 이러한 석탄연료 중심 에너지 소비구조로 인하여 심각한 대기오염 문제에 직면하고 있다. 특히 이스라엘의 주요 도시인 예루살렘, 텔아비브, 하이파, 그리고 공업중심도시인 아시도드의 대기오염문제가 유난히 심각하다. 2003년 Israel Union for Environmental Defense(IUED)와 U.S. Environmental Protection Agency의 공동연구보고에 따르면, 텔아비브와 아시도드에서만 해도 매년 1,400명의 이스라엘인이 공기오염 노출에 따른 질병으로 인해 사망하는데, 이 수치는 매년 교통사고와 테러사건으로 인한 사망자 수의 합보다도 2배나 많다. 또한 이스라엘 어린이의 여섯 명 중 한 명이 공기오염으로 천식을 앓고 있다고도 보도가 된 바 있다[84].

한편, 도시 폐기물은 도시에서 배출되는 폐기물을 통칭하는 개념으로, 생활쓰레기, 상업쓰레기를 모두 포함한다. 도시 폐기물은 도시화 수준, 소비유형, 가정수입, 생활방식 등과 밀접한 관련을 가지고 있다. 이스라엘의 도시인구는 총인구의 91.7%를 차지하고 있는데, 총 폐기물 중에서 도시폐기물이 큰 비중을 차지하고 있다. 도시 폐기물 생산의 증가는 잠재된 환경문제를 제시하고 있다. 도시의 폐기물은 해마다 증가되고 다양해지고 있으며, 이에 대응하여 과학적이고 효율적인 폐기물 처리가 뒤따라야 된다. 하지만 여기서 양자가 단절되면, 토양, 물, 대기 등 환경오염을 초래할 수 있다. 위의 표를 보면, 이스라엘의 가연성 폐기물은 총 에너지 중에서 충분한 비중을 차지하지 못하고 있다. 다시 말하면 폐기물의 재활용이 부족하다고

<그림 76> 주요 국가의 도시 폐기물 생산량

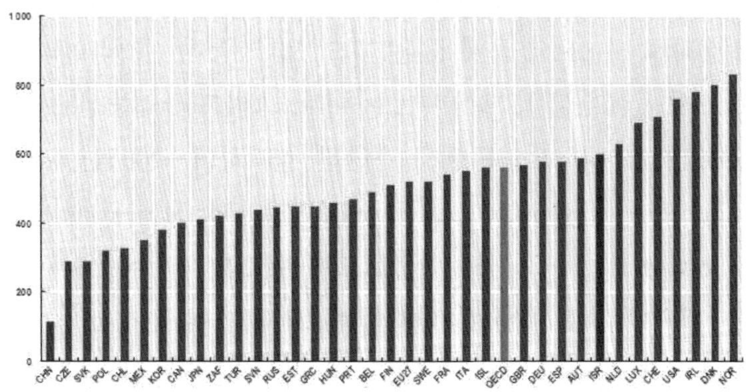

출처: http://dx.doi.org/10.1787/821457711321

84) Green Zionism Alliance 환경보호분야 비영리단체자표 참고 www.GREENZIONISM.org

할 수 있다. 아래의 그래프에서도 알 수 있듯이 주요 국가 중 높은 도시 폐기물 생산량을 가지고 있음에도 불구하고 이에 대한 재활용의 비중은 비교적 낮다고 볼 수 있다.

또한 이스라엘에서는 사해 면적이 급속히 줄어드는 문제도 두드러지고 있다. 사해는 출구가 없기에 요르단강의 수원공급을 필요로 한다. 이스라엘 및 기타 인접 국가들이 요르단 강물의 90%를 농업 또는 식수로 쓰고 있으며, 산업용수로도 대량 사용하고 있기 때문에 사해는 빠른 속도로 고갈되고 있다. 사해 물이 빠져나간 땅의 경우 지반이 약해지면서 이로 인해 땅

<그림 77> 위성지도 상의 사해크기 변화: 왼쪽 1989년, 오른쪽 2001년

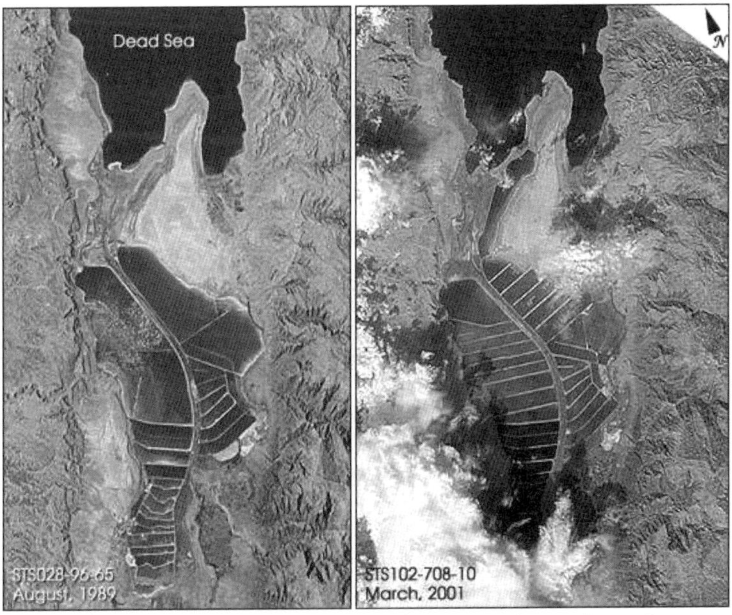

출처: Earth Sciences and Image Analysis Laboratory, Johnson Space Center

이 주저앉아 주변 지역의 안전을 위협하고 있다.[85]

이외에도 이스라엘은 환경 분야에서 물 오염 문제, 인구급증으로 인한 토지자원 부족, 종의 멸종 등의 문제에 직면하고 있다. 결국 이스라엘의 급속한 경제발전은 환경의 파괴를 대가로 하고 있다. 기타 선진국의 발전역사를 돌이켜 보면, 대부분의 국가에서 경제 발전을 위하여 환경을 희생시키는 것에 대해 관대한 측면이 있다고 할 수 있다.

하지만 그 결과로 거액의 환경복원투자가 필요하게 되고, 심지어 돌이킬 수 없는 환경 문제로 발전하여 사람들의 건강과 삶의 질에 큰 위협을 줄 수도 있다. 결국 물질적인 만족뿐만 아니라, 생활의 질을 추구하는 현대인의 삶과 지속가능한 발전을 위하여 이스라엘 정부에서도 환경을 우선 고려하는 발전 방식을 추구해야 하지 않겠는가. 이스라엘 정부경쟁력의 아킬레스건이다.

9. 유대인이 '똑똑해서'이다?

이스라엘은 자연환경과 자원이 빈약하고 항시 전쟁에 휘말려 있으며, 세계인구의 1,000분의 1밖에 되지 않는 작은 나라이다. 하지만 이스라엘은 60여 년의 발전과정을 통해 선진국의 행렬에 진입하였다. 사람들은 이러한 이스라엘의 거대한 성과 앞에서 흔히 이렇게 말한다.

---

85) KBS 뉴스: 죽어가는 '사해' 2013.01.20.
http://news.kbs.co.kr/news/NewsView.do?SEARCH_NEWS_CODE=2599759&&source=http://search.naver.com/search.naver?sm=tab_hty.top&where=nexearch&ie=utf8&query=사해면적&x=0&y=0

"유대인들은 똑똑하니까."

<그림 78> 유대인 출신의 대표적인 과학자, 아인슈타인

유대인은 전 세계적으로 인정받은 지혜로운 민족이다. 전 세계 인구의 0.2%만 차지하고 있는 작은 민족이지만, 현재까지 전체 노벨상 수상자의 약 22%를 배출한 거대 민족이기도 하다. 또한 "주제 넘은, 뻔뻔스러운, 철면피, 놀라운 용기, 도전정신"인 '후츠파'라고 불리는 유대인의 민족성은 전쟁, 피난, 학살 등 잔인한 시련으로 인해 세계 곳곳에 흩어져 있으면서도 정체성을 보존하여 이내 다시 모여 국가를 건국하고 발전시켜 나가는데 기여하였다고도 한다.

똑똑한 민족이라는 이유만으로 이스라엘의 발전을 평가하고 정부와 국민의 노력을 평가하기에는 너무 빈약하고, 또한 무력하다. 2004년 노벨물리학상 수상자 데이비드 그로스(72) 박사는 "유대인이 특별히 두뇌가 우수한 것보다 오랜 고난과 이민의 역사에서 살아남기 위해 남들이 쉽게 뛰어들지 않고 비교적 문호가 개방된 과학 분야에 집중하다 보니 자연스럽게 노벨상 수상자가 많이 배출된 것 같다"고 분석했다.86)

국가마다 자국의 역사가 있고 자국의 특성을 보유하고 있으며, 이를 통해 문화축적을 이루어 나간다. 하지만 국가의 발전에 있어서 민족성에만 의존하는 것은 불가능한 일이다. 정부, 국민들의 노력 없이 기적은 일어날 수 없을 것이다. 이스라엘도 마찬가지이다. 오랜 역사, 제2차 세계대전 기간 중의 특정 역사사건 등으로 인하여 자연스럽게 이스라엘만의 색깔을 얻게 되었지만 결국 정부의 국민 민족성 파악, 국내·외 형세 분석, 정책결정, 그리고 국민의 지지와 노력 없이 국가가 발전해 나가기는 어려울 것이다.

> *"국가는 우리의 자산인 젊은이들에게 창조하고, 아이디어를 실험해 보고, 우리나라의 미래를 이끌어 가는 책임을 지도록 이끌어주며 격려했을 뿐입니다. 고맙고 다행스럽게도 우리의 나이 어린 젊은이들은 망설임 없이 나섰고, 무한한 상상력과 도전하는 기쁨 속에 이 세상에서 아직 창조되지 않은 것을 실현시키기 위해 매진해 왔습니다." (이스라엘 전 총리 에후드 올메르트)*

이스라엘 전 총리 에후드 올메르트는 국가가 민간부문의 경영에 간섭하지 않은 것이 가장 잘한 일이라고 주장을 하였

86) 노벨상 휩쓰는 유대인… 살아남기 위해 학문 집중 '생존전략'; 문화일보 2013년 10월 16일 기사
http://www.munhwa.com/news/view.html?no=20131016010314322730011

다. 그러나 국가 발전에 정부개입이 전혀 존재하지 않다는 것은 불가능한 일이고 또한 사실상 간섭하지 않는 것도 정부가 할 수 있는 주요한 규제방식 중 하나이다.

하지만 이스라엘 정부에서 정부개입을 줄이고 국가의 한계에 따라 필요한 부분에 적극적인 지원을 한 것이 이스라엘식 정부경쟁력의 비결이다. 인적자원개발 및 인재흡수와 같은 전략적인 분야에 집중적으로 정부경쟁력을 발휘하는 것이다. 이스라엘 정부의 경쟁력의 이면에는 이스라엘의 국정 및 국민성에 근거하여 결정한 독특한 국가 운영방식이 있다고 할 수 있다. 이러한 방식을 통해 발전한 이스라엘을 보면, 그 나라의 실정에 맞게 국가를 운영하는 것이 정부의 가장 큰 경쟁력 중 하나라는 생각을 하게 된다.

제 9 장

구 공산주의 국가: 체코의 정부경쟁력

지금부터 우리는 공산주의 국가에서 자본주의로 체제전환 하는 국가의 정부경쟁력이 어떨까 살펴보려 한다. 만약 우리가 북한과 통일이 이루어진다면 참고가 될 수 있기 때문이다. 이에 따라 우리는 시장경제체제로 전환한 국가들 중에서 가장 모범적이며, "건실한 경제체질"을 갖고 있다고 평가받고 있는 체코의 정부경쟁력을 구체적으로 살펴보고자 한다.[87)]

체코는 동유럽의 파리라고 불리는 프라하를 수도로 하고 있는 동유럽의 중심 국가 중 하나이다. 벨벳혁명으로 지칭되는 민주화 과정을 거쳐 현재는 EU와 OECD 가입국으로서 활동하고 있다. 또한 국내에서는 동유럽 여행의 중심지로서 그 명성이 자자한 국가가 바로 체코이다. 최근에는 신흥 경제권인

87) 이철원·이현진·김병호(2010). 「체코의 주요산업」 서울: 대외경제정책연구원. 참조.

'비셰그라드 그룹(Visegrad Group'[88]) 중 하나로서 유럽 내 경제적 영향력도 점차 확대되고 있는 추세이다.

<그림 79> 체코의 지정학적 위치

출처: 포털사이트 DAUM

본 연구의 방법론을 적용한 결과, 체코는 정부경쟁력 종합지수에서 34개국 중 28위를 차지하였으며, 전반적으로 하위권에 속한다. 구체적으로 경제 부문 21위, 교육 부문 29위, 보건복지 부문 17위, 농업식품 부문 31위, 총괄 부문 27위, R&D 부문 23위, ICT 부문 27위, 환경 부문 27위, 문화관광 부문 8위로 나타났다.

88) 비셰그라드 그룹(Visegrad Group)은 폴란드, 체코, 슬로바키아, 헝가리 등 4개국 협의체를 말한다. 1991년 폴란드, 체코슬로바키아, 헝가리 등 3개국 정상회담에서 결성되었으며, 정상회담이 열린 장소가 바로 헝가리의 비셰그라드였다. 체코슬로바키아는 1993년에 체코와 슬로바키아로 분리 독립하였기에 현재는 4개국 협의체이다. 국내에 발간된 각종 경제 보고서에 따르면 대체로 비셰그라드 경제권의 주요 국가는 폴란드, 체코, 헝가리 등 3개 국가로 표현하고 있으며, 이에 따라 '비셰그라드 3국'이라고 지칭하고 있다.

<표 27> 체코의 정부경쟁력 순위

	종합	경제	교육	보건복지	농업식품	R&D	ICT	환경	문화관광	총괄
체코	26위	21위	29위	17위	31위	23위	27위	27위	8위	27위

체코의 경우 전반적으로 국가별 순위가 낮으나, 발틱 3국 중 하나인 에스토니아를 제외하고는 중·동부 유럽권 국가 중 가장 높은 종합순위를 나타내고 있다. 종합순위인 26위 보다 높은 경제(21위), 보건복지(17위), R&D(23위), 문화관광(8위) 등 4개 분야가 전체적인 순위를 높이는데 기여하였다. 비셰그라드 경제권의 여타 국가들과 비교해도 가장 높은 순위를 기록하고 있다.

<그림 80> 체코의 부문별 정부경쟁력 순위

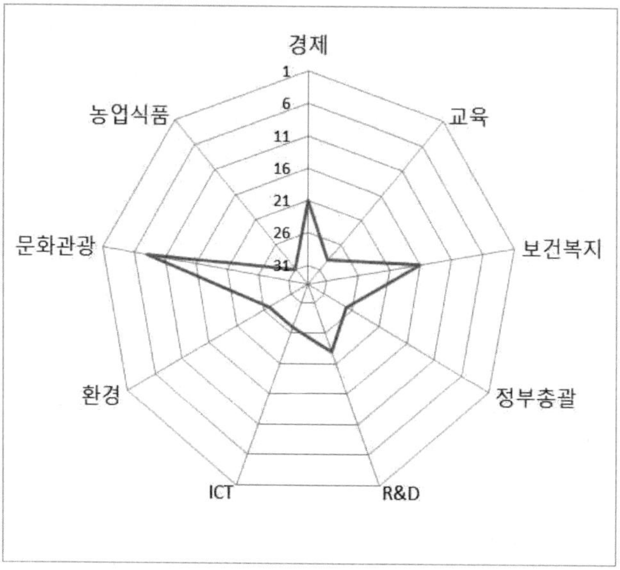

구체적으로 살펴보면, 문화관광 부문의 경우 8위로 OECD 국가 중에서도 상위권에 속한다는 점이 특징이다. 체코는 동유럽여행의 메카로 여겨지고 있고, 드보르작과 프란츠 카프카 등 유명한 음악가와 소설가를 배출한 나라인 만큼 문화관광 부문에서 우위를 나타내는 것은 어쩌면 당연한 현상이다. 즉 풍부한 문화적 유산이 큰 역할을 했다고 할 수 있다. 또한 민주화 이후에는 국제적인 영화촬영 명소로도 유명해졌고, 특히 우리에게는 드라마 '프라하의 연인'으로도 더 친숙해진 국가이다. 체코 정부는 이러한 문화적 유산과 전통을 바탕으로 체계적인 문화예술교육을 시행하고 있으며, 나아가 관광산업의 발전을 위하여 다양한 시도를 하고 있다.

이 외에도 비록 정부경쟁력 순위에서는 하위권에 위치해 있긴 하지만, 성장률만큼은 상위권에 위치했다고 할 수 있는 체코의 경제 분야는 주목할 필요가 있다. 체코는 역사적으로도 유럽 내에서도 전통적인 공업 국가이며, 유럽의 정중앙에 위치한 물류거점이다. 지정학적 위치로는 북쪽으로 독일, 폴란드가 있으며, 서쪽으로는 독일 중·남부 지역과 함께 오스트리아와 인접해 있으며, 동쪽으로는 슬로바키아와 국경을 접하고 있는 내륙국이다. 우리나라를 비롯하여 유럽 국가 이외의 해외 국가에서 바라보았을 때, 유럽대륙의 수출입과 관련하여 허브와 같은 역할을 할 수 있는 위치에 있는 국가 중 하나가 바로 체코이다. 그만큼 체코는 향후 경제 분야의 전망이 밝은 국가 중 하나이며, 앞으로 정부경쟁력 순위의 변화 추이를 살펴볼 가치가 있는 국가라고 할 수 있다.

따라서 이하에서는 체코가 정부경쟁력 순위에서 상위권을 기록한 문화관광 부문을 비롯하여 경제부문을 좀 더 구체적으로 살펴보고자 한다. 또한 경제 부문의 결과에 이어 향후 체코 정부가 주력 산업으로 키우고자 정책적인 노력을 기울이고 있는 환경 부문의 신재생에너지 산업, ICT 부문 등을 함께 살펴보도록 하겠다.

1. 유럽 문화예술의 심장, 문화강국 체코

대부분의 유럽국가가 그렇지만, 특히 체코의 문화는 독특하고 그 역사가 길다. 체코는 우리에게 작곡가 드보르작, 스메타나 등과 함께 소설가 프란츠 카프카, 밀란 쿤데라 등의 나라로 유명하다. 또한 체코는 역사적으로 슬라브와 보헤미아의 민족문화를 기반으로 서유럽과 지속적인 문화교류를 해왔다. 특히 유럽 정중앙에 위치한 지리적 특성이 문화교류의 측면에 기여를 하였으며, 이러한 지속적인 문화교류는 체코의 문화적 다양성, 풍요로움에 기여한 바가 클 것이다.

문화란 정부의 노력에 의해서 발전하기도 하지만, 국민들의 일상적인 삶속에서 배양되기도 한다. 체코에는 사람들이 태어날 때 입에 은수저가 아니라 손에 바이올린을 쥐고 태어난다는 속담이 있다. 이는 오랜 전통을 자랑하는 체코 음악의 진수를 보여주는 단적인 표현이다. 백여 년 전 구 오스트리아-헝가리 제국의 군악대에 속한 음악인 중 2/3가 체코인이었다는 점만 봐도 체코인에 내재된 깊은 음악적 조예를 알 수 있다. 물론 현재도 체코 필하모닉(Czech Philharmonic)은 전 세계적으로

<그림 81> 체코 필하모닉

출처: 체코 필하모닉 홈페이지, http://www.ceskafilharmonie.cz/en/

그 명성을 떨치고 있다. 특히 매년 5월 열리는 '프라하의 봄 페스티벌'은 세계적인 클래식 음악 축제로서 음악 관계자, 클랙식 공연의 관객 및 관광객들이 모여든다. 프라하가 이러한 축제를 대대적으로 열 수 있는 것은 프라하에서만 해도 유명 공연장이 5곳이나 되고 이들 공연장 모두 자체 오케스트라를 보유하며, 이에 따라 일상 속에서 클래식 음악을 즐기는 체코인이 존재하기 때문일 것이다.

2. 선을 지켜나가는 정부의 문화 전략

OECD 회원국의 문화예산을 비교한 연구결과에 따르면,[89] 2000년부터 2009년까지 중앙 및 지방정부의 문화예산(정

89) 한국문화관광연구원. (2011). 「OECD 주요 국가의 문화예산 비교연구」 참조

부지출 대비 오락·문화·종교부문 지출)비율에 대해 조사대상 28개국의 평균값은 2.74%로 나타났는데, 평균비율을 넘긴 10개국 중 하나가 바로 체코이며, 여기서 체코는 2.78%를 기록한 것으로 나타났다. 또한 문화예산의 집행과정에서도 분권성이 높은 국가 중 하나로 체코가 꼽혔다. 이는 중앙정부 이외에 각 지방정부의 문화예산 집행이 상당히 폭넓게 이루어지고 있다는 것을 보여준다. GDP 대비 문화예산 비율 역시 체코는 평균값을 넘는 11개국 중 하나로 나타났다.

물론 단순히 예산 비율만을 가지고 체코 정부의 문화예술 정책에 대한 관심을 모두 나타낼 수는 없지만, 체코가 OECD 내 다른 국가들과 비교해서도 평균을 상회한다는 사실은 주목할 만하다. 정부예산이란 결국 정부의 정책 우선순위, 관심이 반영된 결과물이기 때문이다. 후술하겠지만 체코의 문화적 브랜드를 높이는 것은 오랜 역사가 남긴 풍부한 문화유산이다. 체코 정부는 민주화 이후 이러한 문화유산의 유지, 보수 등을 위해 많은 예산을 투입하고 있다.

3. 체코문화의 내공은 문화예술교육에서부터!

체코정부는 문화를 통해 개개인의 정체성을 확인시키고, 사회 구성원들 간의 동질성을 부여하기 위해 국민들의 문화생활 참여를 위한 재정적, 법적, 행정적, 절차적 제도를 마련하고자 다각적인 방법으로 노력하는 것으로 알려져 있다. 그리고 장기적 관점으로 문화예술을 바라보는 정부의 방향은 문화예술교육 분야에서도 드러난다. 체코 정부는 교육방법의 변화를 통해 청소년들에게 문화와 미학교육을 지원하고 있으며, 문화유산을 제대로 알고 자부심을 가질 수 있도록 지도하는 것을 주요 원칙으로 삼고 있다. 특히 아동 및 청소년을 대상으로 하는 예술교육 프로그램을 위해 체코 정부의 문화부와 교육부가 긴밀히 상호협력하고 있다. 한국문화예술진흥원의 "해외 문화예술교육 현황조사(2008)"에 따르면, 체코는 예술초등학교라는 체계를 통해 전 국민을 대상으로 다양한 예술교육의 장을 마련하고 있다. 문화부는 이 제도를 통해 국민들의 예술적 자질 향상과 예술의 발전을 도모하고자 하며, 이를 위해 지속적인 재정 지원과 구체적 계획 마련 등에 힘쓰고 있다.

비록 일반적인 교육 분야의 체코정부 경쟁력은 높지 않지만, 문화부분만은 예외로 볼 수도 있을 것이다. 물론 현재 측정하고 있는 교육 분야의 다양한 데이터들이 각 국가의 특성을 미처 반영하지 못하고 있어서 이러한 결과가 나타난 것일 수도 있다. 대체로 체코의 인적자원 수준은 매우 뛰어난 것으로 유럽 내에서도 정평이 나 있는데, 문맹률이 거의 제로이며, 높은 고등교육 인구비율에, 외국어 구사 능력도 높은 것으로 평가받고 있다.[90)]

한편, 문화부는 교육부와 협력하여 청소년들이 문화재에 쉽게 접근할 수 있도록 하고 있다. 이를 통해 미래세대에 대한 교육적 효과가 나타날 수 있도록 전자정보 공연전시시스템, 문화재 관람 프로그램, 학교나 아동기관의 문화재 구입 프로그램

---

90) 이철원·이현진·김병호. (2010).「체코의 주요 산업」서울: 대외경제정책연구원.

등을 시행하고 있다.

체코는 문화유산의 보존과 전달을 중시하여 문화를 통한 사회적 통합과 국민적 일체감을 이루고자 한다. 이러한 목표를 위하여 교육부는 정규교육과정과 과외활동 프로그램을 통하여 예술교육에 큰 비중을 두고 있다. 또한 국민들의 평생교육의 일환으로 일반 국민들을 대상으로 한 예술교육을 실시하고 있다.

마지막으로 체코 학교의 예술교육은 현장중심의 실기교육 강화를 특징으로 한다. 이를 위해 각계의 유관기관과의 협조체계가 잘 구축되어 있고 정부의 지원 또한 체계적으로 시행되고 있다. 문화예술교육을 담당하는 강사진들의 전문성을 제고하고 지속적인 자질 향상을 위해 체계적인 시스템을 운용하고 있다. 컨서버토리(Conservatory)라는 실기위주의 교육시스템을 통해, 초등학교를 졸업한 아동을 대상으로 재능있는 학생들을 발굴하여 전문적인 예술교육을 시행하고 있다.

이 경우, 정부가 교사의 급료를 지불하는 등 재정적인 지원을 통해 학생들은 사립학원보다 저렴하게 교육을 받을 수 있다. 지방자치단체 역시 건물의 무상대여, 예술교육 프로그램의 계발 등을 통해 주민들의 평생교육에 기여하고 있다. 이처럼 체코정부의 문화예술분야의 경쟁력이 단순히 공연예술의 지원에 집중하는 것이 아니다. 좀 더 근본적이고 장기적인 관점에서 예술인재를 양성하고, 일반국민들의 음악적 소양을 함양시키는 방법을 사용한다는 점을 주목할 필요가 있다.

4. 국제적 영화촬영 명소, 체코의 영화산업

체코는 영화 '미션 임파서블4'의 촬영지로, 그리고 우리에게는 드라마 '프라하의 연인'으로 유명하다. 2010년 11월 1일자 헤럴드경제에 따르면, 프라하는 동유럽의 관광명소로, 8~9년 전까지만 해도 국제 영화 제작사들의 현지 촬영지로 각광을 받았다. 1983년 제작된 히트작 '아마데우스'를 시작으로 체코는 국제적인 영화촬영지로서 두각을 나타냈다. 냉전체제가 종식된 1990년 이후에는 할리우드가 체코에 관심을 갖기 시작했다. 1995년 프라하성과 카를교를 배경으로 한 '미션 임파서블'이 전 세계적으로 히트를 기록하면서 체코 현지 촬영이 활기를 띠었으며, 이에 발맞추어 체코의 영화산업도 빠르게 성장했다.

다만 2004년부터 헝가리가 영화산업 진흥을 위한 현금 지원 제도-자국 내 촬영비의 20%를 지원-를 도입하면서 체코의 성장세는 주춤하고 있다. 이에 위기감을 느낀 체코 정부는 헝가리를 따라잡기 위해 2010년 하반기부터 유럽연합(EU)의 승인을 얻어 자국 내 제작 영화의 비용 20%를 지원하는 제도를 시행하여 해외 영화제작사 유치전을 펼치고 있다. 또한 세금 면제 시스템 운영을 통해 보다 공격적인 지원 정책을 추진하고 있다.[91)]

결국 이러한 체코정부의 다양한 지원정책은 영화예술분야의 진흥을 통하여 관광 진흥을 연계시키는 전략의 일환이다. 영화가 히트를 하면, 그 영화의 명장면이 자연스럽게 관광홍보

---

91) 한국문화관광연구원. (2011).「EU와의 FTA 체결에 따른 콘텐츠 산업의 수출전망 및 전략분석」

가 되는 것이다. 체코 정부의 경쟁력은 바로 이런 점에 착안한 문화-관광 연계 정책에서 오는 것이다.

5. 체코의 관광산업; 중세시대가 살아있는 동유럽 여행의 시작

체코는 한반도의 절반도 안 되는 면적을 가진 나라지만, 체코 프라하의 구시가지 등 유네스코 세계문화유산으로 지정된 곳이 16곳이나 되는 국가다. 옛 공산권이라 조금 덜 친숙하다 뿐이지 유럽 최고의 문화 예술 집결지로 꼽을 수 있다. 체코가 문화관광 분야에서 높은 순위에 든 것은 어쩌면 당연한 결과이다. 특히 체코의 수도 프라하는 역사적으로 가치가 높은 건축물이 즐비할 뿐 아니라 2000년 유럽연합(EU)이 유럽 문화의 중심지로 지정한 9개 도시 중 하나다. 건축 분야만 놓고 볼 때 조각가 로댕이 칭했듯이 '북쪽의 로마'이고, 문화면에서는 '동유럽의 파리'라는 명성을 갖고 있는 곳이 바로 프라하인 것이다.

<그림 82> 체코 프라하 구시가지의 전경

출처: 체코 관광청 http://www.czechtourism.com

프라하에는 로마네스크, 고딕, 르네상스, 바로크, 아르누보 등 온갖 양식의 건축물들이 늘어서 있어 도시 전체가 거대한 건축박물관이라도 해도 과언이 아니다. 이 덕분에 프라하는 중세부터 현대에 이르기까지 각종 영화의 배경에 단골로 등장하기도 한다. 모차르트의 일생을 그린 밀로시 또르만 감독의 '볼프강 아마데우스', 밀란 쿤데라의 소설 '참을 수 없는 존재의 가벼움'을 영화화한 '프라하의 봄', 톰 크루즈 주연의 첩보 스릴러 '미션 임파서블', 그리고 우리나라 드라마 '프라하의 연인' 등에는 프라하의 골목 구석구석이 담겨 있다.

이러한 문화유산과 문화적 전통을 바탕으로 체코는 동유럽권에서 유명한 관광지가 되었고 많은 수의 관광객과 그에 따른 관광 지출액 등의 지표에서 높은 점수를 기록하게 되었다.

6. 체코의 관광산업 발전 정책

이처럼 체코 관광산업의 발전에는 조상이 남겨준 문화유산이 큰 역할을 한 것은 자명한 사실이지만, 여기에 체코 정부의 정책적 노력도 핵심적인 역할을 했다고 볼 수 있다. '유럽의 심장'이라는 별칭도 보유하고 있는 프라하는 1992년에 이미 도심 전역이 UNESCO 세계 문화유산으로 등재되었다. 체코에는 프라하 이외에도 다른 관광산업 거점 도시들이 산재해 있는데, 정부의 노력으로 1992년부터 2005년까지 UNESCO 세계문화유산 및 세계무형문화유산으로 등재된 곳이 무려 13곳에 이른다. 그 결과 프라하를 중심으로 하는 체코의 관광산업은 유럽에서 관광객들이 많이 찾는 3대 도시 중의 하나로 꼽힌다.

체코 중앙정부의 '지역발전부(Department of Local Development)'는 이 분야의 정부경쟁력을 이끄는 사령탑이다. 이 부처는 외국인 관광객 방문 추세와 이들의 주요 부문 지출 내역을 면밀히 분석하여, 외화 수입원 증대와 계발에 반영하려는 노력을 지속적으로 해오고 있다. 예를 들어 관광객들의 편의를 위해 프라하 시청은 '무선 프라하'라는 프로젝트를 통해 무선 네트워크 체계를 구축하고 있다.

체코의 관광산업은 체코의 국가경제를 이끄는 주요한 분야 중 하나로서, 국가경제의 4.7%를 차지하고 있다. 또한 체코 통계청의 조사 결과에 따르면 관광산업에 종사하는 인구수(고용된 근로자 및 요식업·숙박업 등의 관련 자영업자)가 24만 명에 달하는 것으로 나타났다.

이처럼 국가의 주요 산업인 관광산업을 육성하기 위해 체코정부는 2007년부터 6개년 계획[92]을 수립하여 지역별 운영 프로그램에 예산지원을 하고 있다. 나아가 체코 관광청은 외국인 관광객 유치를 위해 EU와 같은 이웃 국가들에 광범위한 국가 홍보를 진행하고 있다.

7. 비셰그라드 경제권의 중심에 서라!

이번 조사에서 나타난 체코 정부의 경제분야 경쟁력 순위는 21위로 중하위권에 속해 있다. 하지만 현재 전 세계적으로 주목받는 투자대상국가이자, 브릭스 경제권의 대체시장으로

---

92) 체코정부가 수립한 6개년 계획의 주요 전략적인 목표는 관광산업의 경쟁력 향상을 위한 자연경관 및 문화유산의 접근성 향상과 지속적 발전이다.

가치가 올라가고 있는 비셰그라드 경제권의 주요 국가로서 체코 정부의 경쟁력은 주목할 필요가 있다. 즉 현재 OECD 국가들 중 21위라는 순위만으로 단순히 체코 경제의 경쟁력이 낮다고 보는 것은 체코의 발전단계와 미래 역량을 다 고려하지 못한 숫자에만 근거한 평가라는 것이다.

유럽의 비셰그라드 경제권은 유럽대륙의 중심에 위치하여 유럽 내 수출입에 유리하고, 나아가 유럽진출의 생산기지로 활용가능하며, 상대적으로 낮은 임금의 우수한 인적자원이 존재

<그림 83> 비셰그라드 그룹 2013-2014

자료: http://v4hupres.gov.hu/

한다는 점에서 최근 높은 주목을 받고 있다. 또한 체제전환이 이루어진 동유럽국가들 중에서도 가장 높은 소득 수준을 보유하고 있으며, 일인당 소득 및 최종소비지출 면에서도 5~7% 내외의 빠른 증가 속도를 보여주고 있다. 이는 생산기지의 역할뿐만 아니라 소비시장 측면에서도 장기적으로 투자가 유망한 경제권이라는 것을 의미한다.[93]

현재 체코는 2008년 글로벌 경제위기로 인해 전반적인 경제 침체를 겪고 있기는 하지만, 점차 회복세에 접어들 것으로 전망되고 있다. 특히 해외로부터 꾸준히 투자자금이 유입되고 있다는 것은 체코의 경제 분야 미래 경쟁력을 엿볼 수 있는 주요 지표 중 하나라고 할 수 있을 것이다.

8. 우수한 인적자원, 잘 짜여진 인프라의 힘

그렇다면 체코 정부는 이러한 체코의 경제분야 경쟁력 향상에 어떠한 기여를 하였을까? 거시적으로 가장 먼저 생각해 볼 수 있는 것은 우선 정치적·사회문화적으로 체제전환을 무난하게 이루어냈다는 점이다. 체제전환 이후, 안정적인 경제성장이 이루어졌으며, 특히 2008년 이후 글로벌 경제위기 속에서도 안정적인 경제성장[94]과 함께 낮은 실업률 및 안정적인 물가

93) 한국경제연구원. (2013) "브릭스 대체시장, 동유럽의 '비셰그라드' 3국을 주목하자: 소비와 물류시장으로 떠오르는 폴란드, 체코, 헝가리" 「지속가능 성장을 위한 VIP 리포트」, 통권 539호 (2013.09.05.)

94) 체코의 연평균 성장률은 2008년~2012년의 기간 동안 EU의 연평균 성장률인 -0.1%보다 다소 높은 0.3% 수준을 유지하였으며, 글로벌 금융위기 전인 2004년에서 2007년의 기간 동안에는 6.1%의 연평균 성장률을 기록하여 EU의 연평균 성장률(3.0%)보다 훨씬 높은 성장률을 나타낸 바 있다.

상승률을 기록하면서 체코 내 경제를 안정화시켰다. 물론 EU 가입을 통해 EU로부터 받고 있는 각종 사업지원 프로그램인 유럽지역개발기금, 유럽사회기금 등도 경제의 안정화에 기여하였다고 볼 수 있다.

그리고 체코에는 유럽 내에서도 손꼽히는 우수한 인적자원이 있다. 체코는 OECD의 자료에 따르면, 과학·기술 분야의 대학졸업생 비율이 상위권에 속하며, 아울러 시간당 노동 비용에서도 2012년 Eurostat의 데이터 기준으로 EU평균인 23.4유로의 절반 수준에 불과한 10.6유로 선이다. 특히 체코 내 대표적인 제조업 분야인 자동차 산업 분야의 경우에는 전문 엔지니어를 양성하기 위한 효율적인 교육 시스템 구축에 정부 차원에서 많은 노력을 기울이고 있다.

또한 체코 정부는 자동차 산업을 비롯한 제조업의 성장을 위해 다양한 정책을 펼치고 있는데, 특히 주목할 만한 점은 산업통산부 산하에 CzechInvest(체코투자청, Investment and Business Development Agency)를 설치하여 각종 지원 업무를 수행한다는 것이다. 동 기관은 1992년에 설치되어 산업통상부가 수행하는 여러 정책 중에서도 비즈니스 인프라를 구축하거나, 국내 업체에 대한 전략서비스의 제공, 외국투자 유치 등 체코에 대한 해외 홍보활동 및 EU와 체코 기업들 간의 중재자 역할을 담당한다. 이러한 CzechInvest의 활발한 활동이 체코의 자동차 산업을 발전시키는데 크게 기여하였다는 평가도 있다.[95] 게다가 체코 정부가 만들고 집행하고 있는 각종 법안, 예

(관련 데이터는 IMF에서 참조)

를 들어 '투자인센티브법'을 통해 제조업 에 대해 "세제혜택, 고용창출 보조금, 훈련 및 재훈련 보조금, 입지 우대" 등과 같은 정책적 혜택을 제공하고 있으며,[96] 산업특구개발프로그램을 통해 국내외 투자의 촉진을 이끌어내고 있다. 우리나라도 다수의 기업들이 체코에 진출해 있으며, 현대자동차 역시 체코·러시아에 자동차 공장을 건설하고, 유럽 수출을 위한 전진기지로 활용하고 있다.

<그림 84> 현대자동차의 체코공장 전경

자료: 현대자동차 체코공장 홈페이지 (http://www.hyundai-motor.cz/index.php)

이 밖에도 체코 정부가 구축하고 있는 항공, 철도 수송 등과 같은 물로, 통신, 에너지 등 인프라 수준은 비셰그라드 경제권을 비롯하여 중동부 유럽 국가들 중에서도 가장 높은 수준을

95) 이철원·이현진·김병호. (2010). 「체코의 주요 산업」 서울: 대외경제정책연구원.
96) 이철원·이현진·김병호. (2010). 「체코의 주요 산업」 서울: 대외경제정책연구원.

가지고 있는 것으로 알려져 있다.[97] <표 28>에서도 알 수 있듯이 체코는 도로 부문 공동 1위를 포함하여 철도, 항만, 항공, 전기 등의 분야에서 모두 1위를 기록하고 있다.

<표 28> 중동부 유럽 국가의 주요 부문별 인프라의 질적 수준

	도로	철도	항만	항공	전기
체코	3.7	4.6	4.6	6.0	6.5
슬로바키아	3.7	4.5	4.0	3.4	6.3
폴란드	2.6	2.4	3.5	3.8	5.5
헝가리	4.0	3.5	4.0	4.2	5.7
루마니아	1.9	2.2	2.6	3.4	4.2
불가리아	2.5	3.0	3.7	4.0	3.9

자료: WEF (2012년 기준, 7점 만점 기준)[98]

9. '작지만 강한' 농업, '미래를 바라보는' IT와 신재생에너지 산업

상술한 바와 같이 체코는 동유럽에서 부유한 나라에 속한다. 그러나 체코의 농업경쟁력은 2004년 EU에 가입한 뒤 약화되고 있다. 국민의 1%에 불과한 농민 비중, 공화국 수립 이전으로 돌아간 농산물 생산량, EU 국가 중 가장 낮은 보조금 등으로 농업 분야에 있어 약세를 면치 못하고 있다. 게다가 체코의 농업은 WTO 개방으로 인해 더 큰 도전에 직면하였다.

97) 한국경제연구원. (2013) "브릭스 대체시장, 동유럽의 '비셰그라드' 3국을 주목하자: 소비와 물류시장으로 떠오르는 폴란드, 체코, 헝가리" 「지속가능 성장을 위한 VIP 리포트」, 통권 539호 (2013.09.05.)

98) 바다와 전혀 접점이 없는 체코, 슬로바키아, 헝가리의 경우에는 항만 부문에 내륙수로 등의 인프라가 포함되어 집계된 결과이다.

전반적으로 체코는 EU가입을 통해 경제적 파국을 면할 수 있었다. 하지만 관광산업을 포함한 서비스업이 EU가입으로 인한 혜택을 본 것에 반해, 그 반대급부로 농업분야의 위축을 가져왔다. 더구나 EU협정에 따라 지금도 최하위 수준인 농가 보조금을 2014년까지 더 줄여야만 한다. 이에 따라 당연히 체코의 농업 종사자 수는 해마다 급감하고 있다.

이처럼 어려운 상황에도 불구하고 체코 정부가 농업을 포기한 것은 아니다. 개방 이후에도 곡물과 낙농 부문은 자립적인 농업을 유지해오는 등 국제 기준에 부합하면서도 자국 농업을 유지하기 위한 다양한 정책을 논의하고 있다. 작지만 강한 자립농업을 위해 체코 정부는 직접 집행을 하기 보다는 농립성 산하의 농업조합연맹이라는 집행 기구를 통해 자영농과 기업농의 균형잡힌 공존을 도모하고자 노력하고 있다.

구체적으로 체코의 평균 경작지 면적은 150ha로, 규모면에서 EU국가들을 압도하고 있는데, 이처럼 규모가 큰 경작지를 사회주의 하의 집단 농장체제와 유사한 협동조합체제로 운영한다. 대규모 경작에 기업농의 개념을 결합한 협동조합체제는 최적의 생산과 분배를 통해 자영농과 기업농의 균형 잡힌 공존을 모색하고 있는 것이다.

한편, 31위를 기록한 농업식품 분야와 함께 다음으로 낮은 순위를 기록한 27위의 ICT 부문과 환경 부문 중 신재생에너지 산업의 경우에는 현재 체코정부가 미래를 바라보고 준비하고 있는 주요 영역 중 하나이다. 따라서 향후 동 부문의 순위에 있어 체코의 정부경쟁력이 얼마만큼 성장할 수 있을지 살펴볼만한 가치가 있다.

체코의 에너지 부문, 특히 신재생 에너지는 정부의 적극적인 역할로 발전하고 있는 분야 중 하나이다.[99] 체코가 에너지와 환경 부문에 있어 적극적인 간여를 하게 된 데에는 EU 가입 이후 EU의 친환경적 에너지 사용 정책에 부합하기 위한 측면도 있다. 하지만 EU 가입을 계기로 비약적인 경제발전을 이루어나가고 있는 체코로서는 EU의 규정을 준수하면서 이를 향후 미래 체코의 핵심 산업으로 함께 키워 나가야할 정책적 필요성을 느끼고 있는 것으로 보인다. 이를 위해 체코 정부는 '신재생 에너지를 활용한 전력생산촉진에 대한 법령', '에너지 효율 및 신재생에너지를 위한 정부 프로그램', '녹색보호프로그램', '탄소절감프로그램'을 비롯하여 각종 인센티브 정책을 활용하고 있다.

체코의 IT 분야도 해마다 발전을 거듭하고 있다. IT 산업은 체코의 주요 제조업 중 하나인 자동차 산업에 이어 주목받는 산업으로 떠오르고 있으며, 최근 경제성장률이 저조한 가운데서도 체코정부는 풍부한 지원금을 통해 투자를 지속하고 있다.[100] 체코 내에서 유망한 분야로 각광받고 있는 만큼 체코 전체 직업 중 IT 업종 종사자 비율은 꾸준히 증가하고 있다.

---

99) 이철원·이현진·김병호. (2010). 「체코의 주요 산업」 서울: 대외경제정책연구원.

100) 이철원·이현진·김병호. (2010). 「체코의 주요 산업」 서울: 대외경제정책연구원.

<그림 85> 체코 전체 직업 중 IT 업종 종사자 비율(%)

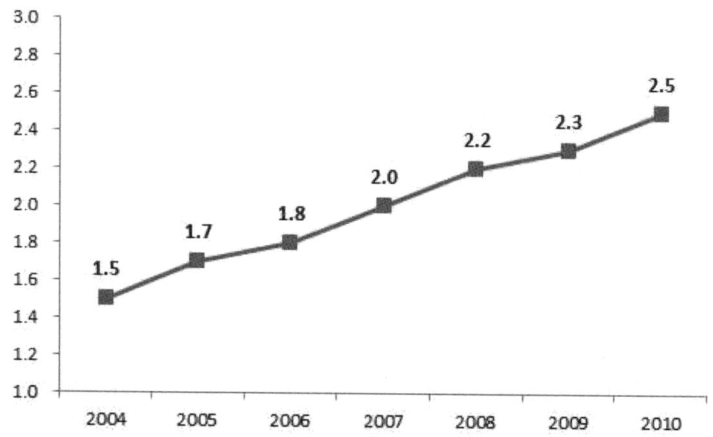

출처: 체코 통계청

더불어 'Act on Public Administration Information Systems' 법안의 제정을 계기로 전자정부를 만들기 위한 기반을 구축해 나가고 있으며, 부처 간 소통을 원활하게 하여 행정의 효율성을 높이기 위한 시스템도 만들어 나가고 있다. 향후 발전된 ICT 체계 속에서 생활해 나갈 국민들을 위한 각종 교육 프로그램도 학교 교육과 연계되어 진행되고 있음은 물론이다. 체코가 현재는 낮은 순위라고 할지라도 급변하는 IT 산업의 특성상, 향후 어떻게 변화할지는 모를 일이다.

10. 만족스런 전환, 그 이후의 체코

앞에서 언급한 바와 같이 분명 체코는 체제전환이라는 국가적 터닝포인트를 그 어떤 국가들보다 안정적으로 넘어갔으며, 현재 드러나는 수치적 성과만 보아도 상당히 만족스러운 결과를 얻었다고 할 수 있다. 하지만 OECD라는 기존의 선진국과의 경쟁력 결과에 따르면, 체제전환 국가이기 때문에 전반적으로 낮은 정부경쟁력 결과를 보여주었다.

특히 정부 전체의 전반적 능력이라고 볼 수 있는 총괄분야의 경쟁력이 낮다는 것이 아쉬운 부분이다. 이는 국민들의 사고방식이 아직은 완전히 자본주의화되지 않았기 때문에 나타난 결과일 수 있다. 1993년 1월 1일 체코와의 분리이후, 분리된 다른 반쪽 국가인 슬로바키아는 분리 당시의 열악한 산업구조에도 불구하고 체코와 비교하여 더 높은 경제성장율을 보이고 있는 점을 주목할 필요가 인다.[101] 예컨대, 슬로바키아는 구공산권시대 농업위주의 산업구조에서 재빠른 투자유치와 1인당 국민소득이 49,000불(2012년)인 인접 부유국가 오스트리아와 긴밀한 경제협력관계를 성공적으로 하여 년 2%대 성장률과 1인당 GDP 17,000불을 달성하였다. 이러한 차이는 체코가 외자유치를 통한 산업화 부문에서, 정부가 상대적으로 제대로 역할을 다하지 않았기 때문으로 분석된다.

또한 사회제도의 전체적인 제도화 수준도 미약한 편이며, 정부의 정책집행능력이 전반적으로 낮은 것도 결과에 영향을 미쳤다. 관료들의 수준도 문제이다. 이에 대해 2006년 KOTRA의 해외조사팀이 발간한 자료에 따르면,[102] 대체로 잘 확립된 일 처리 시스템에 비해 세부적 지침 마련이 미흡하기 때문에

101) 슬로바키아는 본 정부경쟁력 조사 결과에 따르면 종합순위 32위로, 체코보다 낮은 순위를 기록하였으나, 경제분야를 비롯한 몇몇 분야에서 주목할 만한 성과를 보이고 있는 것은 사실이다.

102) KOTRA 해외조사팀(편). (2006). 「KOTRA 국가정보: 체코」 서울: KOTRA.

행정업무 처리 결과가 상이하게 나오거나, 각종 이권에 있어서도 서구의 몇몇 대기업의 인맥이 영향을 미치는 경우도 많다. 또한 OECD나 EU와 같은 주요 선진국 기준으로 보았을 때, 아직 행정부의 부패 정도가 높은 것으로 드러나고 있다. 이들 모두 체코가 다른 서유럽국가와 어깨를 겨눌 수 있을 만큼 성장하는데 장애요인이 되고 있다. 향후 체코 정부가 특정 산업을 비롯한 경제 분야를 성장시키는 만큼 국가 제도의 발전에도 높은 관심을 가져야 할 것이다.

제 10 장

필사적 노력형: 멕시코의 정부경쟁력

멕시코의 공식 명칭은 멕시코합중국(United Mexican State)이며, 행정적으로 31개의 주와 1개의 수도로 이루어진 연방공화국이다. 미국의 남쪽 국경과 멕시코의 북쪽 국경이 맞닿아 있으며, 멕시코의 서쪽과 동쪽은 태평양이고 남쪽 국경은 과테말라와 벨리즈에 닿아 있다.

멕시코는 200만 제곱킬로미터에 달하는 넓은 영토를 가지고 있는데, 이는 아메리카 대륙에서 다섯 번째로 넓고, 전세계적으로도 13번 째로 넓다. 인구는 1억1300만으로 전 세계에서 11번째로 인구가 많은 국가이며, 스페인어권 국가중에서는 가장 인구가 많은 국가이다. 인구의 구성은 60%가 메스티조(Mestizo), 30%가 아메리카원주민(Amerindian), 9%가 백인, 그리고 1%가 흑인, 아시아인, 기타이다.

<그림 86> 멕시코의 지정학적 위치

멕시코 지역에서는 유럽인이 발견하기 전에 아즈텍 문명, 마야 문명과 같은 고대 문명이 발달하였다. 1521년 스페인제국이 이 영토를 점령하여 식민지화하였고 1821년에 와서 독립을 이루었다. 독립이후로는 경제적으로 매우 불안해졌고, 미국과의 전쟁과 내전 등을 겪으면서 정치적으로도 매우 불안정한 상태가 지속되었다. 1910년에 멕시코 혁명의 결과로 1917년에 헌법이 제정되어 현재와 같은 정치체제가 이루어졌다.

본 연구결과, 멕시코의 정부경쟁력은 종합 34위로 최하위권에 속한다. 문화관광분야의 경쟁력은 9위로 매우 높은 편이고, 경제정책분야, 농업식품분야, 환경분야가 다른 분야에 비하여 상대적으로 높은 편이다.

<표 29> 멕시코의 정부경쟁력 순위

	종합	경제	교육	보건복지	농업식품	R&D	ICT	환경	문화관광	총괄
멕시코	34위	14위	33위	34위	12위	34위	34위	18위	9위	34위

이것을 그림으로 나타내 보면, 정 9각형과는 매우 동떨어진 편협한 모양이 된다. 교육, 보건복지, 연구개발, 정보화 분야에서 최하위권이다. 특히 정부총괄면에서 최하위는 결국 전반적인 정부경쟁력이 최하위라는 것을 의미한다.

<그림 87> 멕시코의 부문별 정부경쟁력 순위

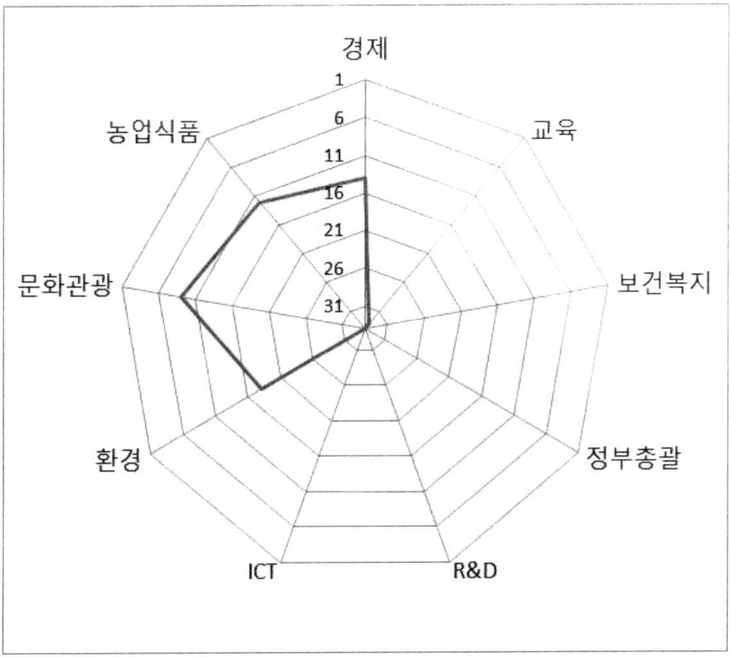

1. 멕시코는 지금 경제성장 중

멕시코는 세계에서 가장 경제규모가 큰 나라들 중의 하나이다. 세계석유생산량에 있어서 10번째이며, 세계에서 가장 많은 은(silver)을 생산하는 나라이다. 멕시코는 경제부문에 있어서 남미지역의 강호 내지는 산업화의 신흥 세력으로 부각되고 있으며 남미에서는 처음으로 1994년에 OECD에 가입하였다.

사실 명목GDP는 세계에서 14번째로 큰 규모인 멕시코의 경제는 미국경제와 매우 밀접한 관계를 맺고 있다. NAFTA를 통한 무역으로 경제규모의 확대를 도모하고 있다. 그 결과 미국경제의 영향에 힘입어 급성장하는 특성을 보인다. 거꾸로 미

<그림 88> 멕시코의 경제성장 추이

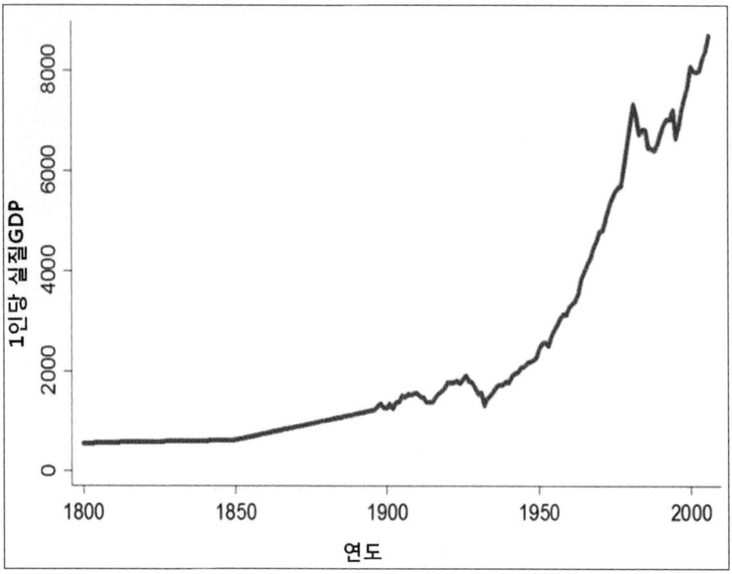

출처: http://www.plawlotic.com

국은 멕시코인들의 불법이민 등으로 인해 일부 미국인들은 멕시코에 대해 부정적 이미지를 가지고 있다.

최근 세계적으로 경기침체가 계속되는 와중에서도 멕시코는 안정적으로 성장을 거듭하고 있으며, 구매력 지수도 꾸준히 상승하고 있다.

<그림 89> 멕시코의 구매력 지수 추이

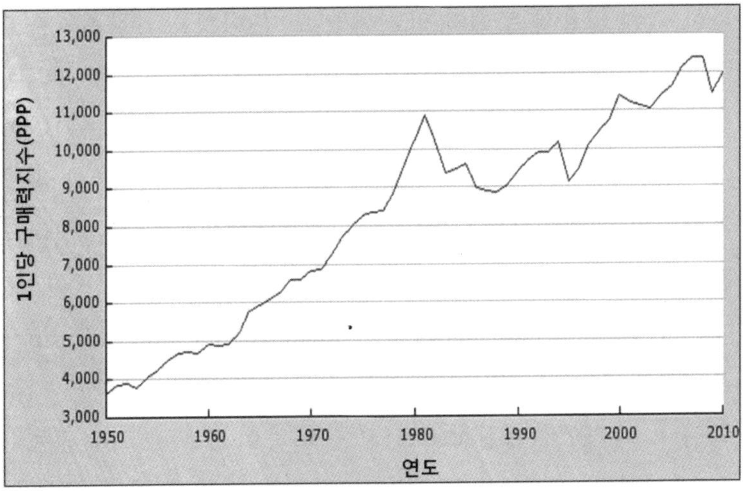

출처: Federal Reserve Economic Data(FRED)

2. 부패, 마약, 범죄자의 나라 멕시코

멕시코는 31개 주가 각각의 헌법, 의회, 사법부를 가진 자치제도를 가지고 있다. 6년을 임기로 하는 주지사를 직접선거를 통하여 선출하며 3년을 임기로 하는 국회의원을 선출한다. 연방수도(federal district)는 특별하게 연방전체에 속하며 어느 주에도 속하지 않는다. 주는 각 시군구(municipality)라는 하위 행정

구역으로 다시 나누어지는데 각 도의 도지사도 선출직이다.

1917년 제정된 헌법에 의해 멕시코는 민주주의 제도와 대통령을 선출하는 공화주의 제도를 채택한 국가가 되었다. 헌법에 의하면 모든 주는 공화주의 시스템으로 운영되어야 하며, 각 주정부는 행정부, 입법부, 사법부를 각각 가지고 있다.

그러나 민주주의라는 제도화는 매우 미흡한 상황에 있다. 정부가 명목상으로는 시민의 인권을 존중하고 있긴 하지만 심각한 권력 남용과 부패가 만연해 있으며, 이것은 남부지역으로 갈수록 심화된다. 이것이 정부운영의 총괄적인 측면을 나타내는 정부경쟁력 총괄점수에서 최하위 점수를 갖게 한 주 원인이다. 효과적인 국가운영의 기반이라고 할 수 있는 정부의 총괄경쟁력이 최하위라는 점이 다른 정책분야에서 정부경쟁력의 발목을 잡고 있는 것이다.

국가인권위원회(National Human Rights Commission)가 존재하긴 하지만 심각한 인권침해 문제를 해결하기에는 역부족이다. 국가인권위원회의 권고를 대하여 무시하고 인권유린을 자행하는 관료들에 대해서도 강력한 처벌을 하지 못하고, 단순행정업무만 수행하고 있다는 평가가 있다. 현실적으로는 정부의 부패가 심하고 인권문제에 대한 정부의 노력이 미미하다고 할 수 있다.

또한 경찰 및 정부의 사법제도에 대해 대부분의 멕시코인들이 불신하기 때문에 실제 많은 범죄가 일어나고 있음에도 불구하고 신고하거나 보고하는 경우가 드물다. 범죄사실을 목격하거나 피해를 당해도 신고했다가는 부패된 경찰 및 사법부로

<그림 90> 마약과 납치 등의 범죄에 연루된 부패경찰을 검거하는 장면

출처: Fox News (http://www.foxnews.com/)

인해 해당 범죄자가 처벌되지 않고 풀려나오기 때문에 후환이 두려워서라도 신고하지 않는 것이다. 법치국가로서 제도화가 상당히 미흡한 수준이며, 신뢰수준이 저조한 것이다.

이렇게 범죄신고율이 낮지만, 그나마 신고되는 범죄만 따져서도 OECD국가 중에 가장 높은 범죄율을 기록하고 있다. 남아프리카보다도 높은 수준이다. 2012년 통계자료에 따르면 전체 멕시코인 중에서 15%가 해당 년도에 범죄 피해를 입은 적이 있다고 답했다. 살인사건발생 비율을 보면 인구 십만명당 살인사건이 전세계 평균인 6.9건의 거의 3배에 달하는 인구 십만명당 18건이 멕시코에서 발생하고 있다. 특히 마약과 관련된 범죄들이 심각한 수준이다. 멕시코가 벌인 마약과의 전쟁에서 6만명 이상의 사상자가 발생하였다. 멕시코의 마약관련 범죄조직의 조직원은 10만명 이상 남아 있는 것으로 추정되고 있다.

<그림 92> 멕시코의 치안 지도

출처: CIDAC

이처럼 멕시코의 치안문제는 심각하다. 그나마 외곽지역보다는 도시가 안전하고 부패가 덜 심한 편이다. 멕시코를 방문하거나 이민을 갈 생각이 있다면 외곽지역은 절대 피하는 것이 좋다. 치안은 정부경쟁력 총괄부문의 핵심이 되는 주요 요인 중 하나이다. 안녕질서가 있어야 국민들 간에 신뢰도 생기고, 그를 기반으로 각종 분야별 정책이 추진될 수 있는 것이다.

3. 최악의 의료 시스템, 멕시코 국민들은 병들어가고 있다

멕시코는 오랜 기간 동안 전염병과 일상생활적인 습관에 의한 질병 등으로 인해 국민들의 건강 상태가 좋지 않아왔다. 특히 경제발전 수준이 매우 낮은 농촌 지역에서는 전염병 문제가 심각하다.

이는 보건의료분야에 있어서 정부의 노력이 매우 부족하기 때문에 나타난 결과이다. OECD 국가 중에서 드물게 포괄적 국민건강보험(universal health insurance) 제도가 미비되어 있는 국가가 바로 멕시코이다.

정치행정체제 구조의 문제가 정부경쟁력을 저하시키기도 한다. 지방자치적인 요소가 매우 큰 멕시코에서는, 북부 지역의 지방정부들과 남부 지역의 지방정부 간 보건의료 예산의 격차가 매우 커고, 국민 건강의 지역적 불평등이 매우 심각하다. 인구 중에서 의료의 혜택을 받지 못하는 비율이 매우 높고 이들의 빈곤 상태는 건강 문제로 인하여 더 심화되고 있는 실정이다.

정부 차원에서의 보건의료 서비스 노력은 각 지역에 따라 매우 파편화되어 있어 작은 예산마저도 비효율적으로 운영되고 있다. 지방자치에 의하여 분권화된 보건의료 서비스 시스템은 지방에서의 낮은 관리 수준으로 인해 제대로 운영이 안되고 있다. 또 의료보험, 의료기관, 의료서비스 소비자를 조정해주는 정부의 제도가 발달되어 있지 않아서 시스템이 엉망이다. 그래서 멕시코인들은 정부에서 운영하는 공공의료 서비스 대신에 많은 돈을 지불하고 민간의료 서비스를 이용하고 있고, 이 비용을 감당하기 어려운 대부분의 사람들은 의료 서비스의 사각지대에 있다. 특히 기본적인 의료약품을 구하기가 매우 어려운 실정이다.

아래 표에 나와 있는 것처럼 멕시코는 OECD 국가 중에서 터키를 제외하고는 모든 건강지표들(기대수명, 유아사망률 등)이 최하위권이다.

<표 30> OECD 보건 분야 지표 (출처: OECD Health Data)

	여성 기대수명		남성기대수명		유아 사망률	산모 사망률
	출생시	60세	출생시	60세		
호주	82.6	25.2	77.4	21.4	5	4.8
오스트리아	81.7	24.1	75.8	20.1	4.1	2.6
벨기에	81.1	23.9	75.1	19.6	6.1	8.6
캐나다	82.2	24.9	77.1	21	5.2	7.8
체코	78.7	21.5	72.1	17.3	4.2	3.2
덴마크	79.5	22.4	74.8	19.1	4.4	13.6
핀란드	81.5	24	74.9	19.5	3	5.4
프랑스	83	25.8	75.8	20.8	4.1	6.5
독일	81.3	23.9	75.6	19.8	4.3	2.9
그리스	80.6	23.1	75.5	20.1	5.9	6
헝가리	76.7	20.9	68.4	16.1	7.2	8.3
아이슬란드	82.3	24.4	78.5	21.8	2.2	0
아일랜드	80.3	22.9	75.2	19.2	5.1	11.6
이탈리아	82.9	24.8	76.8	20.4	4.7	2.7
일본	85.2	27.4	78.3	21.9	3	7.3
대한민국	80	22.8	72.8	18.1	6.2	15
룩셈부르크	81.5	24.2	74.9	19.6	5.8	18.6
멕시코	77.4	22.3	72.4	20.4	21.4	76.1
네덜란드	80.7	23.5	76	19.5	5	9.9
뉴질랜드	80.9	23.9	76	20.3	6.3	8.8
노르웨이	81.5	24	76.4	20.2	3.9	5.3
폴란드	78.7	22	70.4	17.1	7.5	5.4
포르투갈	80.5	23.3	73.8	19.4	5	2.5
슬로바키아	77.8	21	69.9	16.4	7.6	7.9
스페인	83.1	24.9	75.7	20.3	3.4	4.2
스웨덴	82.1	24.3	77.7	20.9	2.8	4.4
스위스	83	25.3	77.8	21.4	4.5	6.4
터키	70.9	18.1	66.2	16	42.6	49.2
영국	80.4	23	75.7	19.4	5.3	6
미국	79.8	23.4	74.4	20.1	6.8	9.9
OECD평균	80.7	23.5	74.8	19.5	6.2	8.4
표준편차 (standard deviation)	2.6	1.8	2.9	1.6	7.1	8.8

출처: OECD health data

아래의 그래프는 멕시코 및 주요 OECD 국가들의 의료비 지출 비중을 나타내고 있다. 정부차원에서의 보건의료 예산(public expenditure on health) 비율은 멕시코가 가장 낮은 수준에 머무르고 있다. 물론 미국도 멕시코와 같이 정부의 보건의료 예산의 비율이 낮은 편에 속한다. 하지만 민간 의료보험(private insurance) 제도가 잘 발달되어 있기 때문에 그나마 제도적 보장이 이루어지고 있는 편이다. 이에 반해 멕시코는 민간 의료보험제도 마저도 발달이 되어 있지 않기 때문에 개인 의료비 부담이 많은 것이다. 그 결과, 아래 그래프를 보면 멕시코가 의료비 지출에 있어서 개인부담(out of pocket money)의 비율이 무려 52%로 가장 높다는 것을 알 수 있다.

<그림 92> 의료비 지출 비중비교

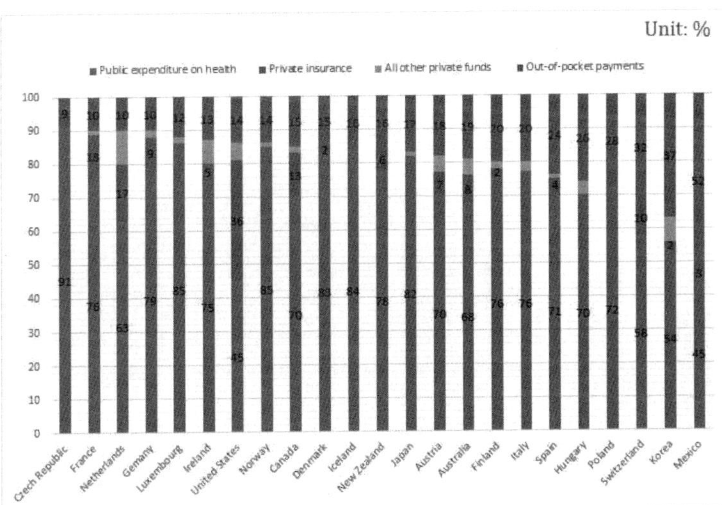

출처: OECD health data

4. 세계 10위 권의 관광 대국인 멕시코, 중국관광객까지 유치

문화관광분야는 멕시코 정부가 중점을 두는 분야이다. OECD 보고서에 따르면 멕시코에서는 GDP의 약 10% 이상을 문화관광 부문에서 창출해내고 있으며, 관광산업이 멕시코의 3대 산업 중 하나이다. 한 해에 2천만 명이 넘는 관광객이 멕시코를 방문하는데 이들의 80% 이상이 미국인이다. 인접국가인 미국에서는 저렴한 가격으로 여행을 즐길 수 있는 나라로서 멕시코가 인기이다. 이와 같이 멕시코의 관광산업은 경제성장을 주도하는 새로운 산업으로 등장하였고, 최근에는 연간 100억 달러 이상의 외화수입을 창출하고 있다.

<그림 93> 멕시코의 과달루페 사원

사진출처: 파노라미오

멕시코는 전세계에서 가장 방문하고 싶은 나라 10위에 선정됐으며, 2018년까지 5위를 목표로 하고 있다. 한국의 경우, 멕시코를 방문하는 한국 관광객들이 2011년 34,965명에서 2012년 40,303명으로 전년대비 15.3% 증가했다.

<그림 94> 멕시코 칸쿤 비치리조트

출처: 섬스토리(http://www.sumstory-cancun.co.kr)

멕시코 정부는 이러한 관광자원의 활용에 적극적이다. 그 예로 멕시코 관광부는 한국에서도 '멕시코의 날'이라는 뜻인 멕스데이(Mex Day)를 서울 하얏트 호텔에서 개최했다. 멕시코 관광부가 아시아 지역 내 멕시코 관광산업 확대의 일환으로 주최한 이 행사에서는 한국 언론 및 관광 업계 관계자들에게 멕시코 및 멕시코 관광산업을 소개하고 한국을 포함한 아시아 지역 내에서의 향후 활동, 전략 및 계획 등을 설명하기도 했다. 최근에는 중국 및 한국 등 아시아 국가들로부터 관광객을 유치하기 위해 정부차원에서 많은 노력을 기울이고 있다.

예를 들어, 멕시코 정부는 크루즈 등 고가 여행상품이 돈쓰는 관광객을 잡는 방법이라는 것도 잘 활용하고 있다. 밤새 배를 타고, 아침에 도시에 여행객이 내리면, 돈을 쓸 준비가 되어 있기 때문이다. 최근 해상운송수단으로 멕시코를 방문한 관광객이 매년평균 30% 정도의 급격한 증가 추세를 보이고 있어 멕시코를 비롯한 카리브지역을 운행하는 크루즈 투어가 인기를 끌고 있다.

<그림 95> 멕시코의 태양의 피라미드

출처: 불교마을(http://www.templevill.com)

관광산업에 대한 투자도 증가세를 보이고 있는데, 외국인 투자의 비율도 30% 가량 된다. 지역별로는 Quintana Roo, Sonora, Baja California Sur 등의 지역에서 관광산업에 많은 투자가 이루어지고 있다. 특히, Mundo Maya에는 40%에 가까운 투자가 집중되어, 멕시코 남부 지역 관광산업에 대한 투자가 활발하게 진행되고 있음을 알 수 있다.

또한, 호텔건설의 투자 규모가 계속 증가하고 있어서 호텔 건설업이 호황이다. 호텔사업에는 많은 액수의 투자를 요구하지만, 깨끗한 잠자리를 찾는 미국관광객들을 유치하기 위해서 필수적인 요건이다. 멕시코 정부가 이의 중요성을 깨닫고 있는 것이다.

멕시코에서는 200만명이 넘는 인구가 관광산업에 종사하고 있으며, 이로 인한 고용창출 효과도 매우 크다. 관련 업계에서는 비공식 고용인원을 고려할 경우, 관광산업으로 인한 고용창출 효과가 큰 것으로 평가하고 있다.

최근 멕시코 관광업계에서는 아시아 관광객, 특히 중국 관광객을 유인하기 위한 대책을 마련하고자 정부차원에서 많은 노력을 기울이고 있다. 멕시코 정부에서 중국과의 외교관계에 정책적 노력을 기울이는 것도 이러한 관광산업 성과에 기여하고 있는 것이 사실이다. 중국으로서는 비교적 저렴한 비용으로 관광할 수 있는 나라로서 멕시코가 매력적인 나라일 것이다.

그 결과 최근 중국정부에서 멕시코를 국민들이 여행할 수 있는 공식여행지로 지정하였다. 갑자기 부자가 된 중국인들이 먼 나라 북중미 대륙의 멕시코여행을 즐기게 된 것이다. 중국과의 직항 운행도 부분적으로 운영이 되고 있으며, 멕시코 관광업계는 중국어 서비스 등 중국관광객을 위한 서비스 마련에 노력하고 있다. 최근 멕시코의 외국관광객 방문 증가세에 이런 중국관광객이 가세하여 괄목할 성장이 이뤄질 것으로 전망된다.

특히 시진핑 중국 국가주석이 중남미 순방을 하면서 그 동안 중국인 관광객이 상대적으로 적었던 카리브해 연안 지역에 더 많은 중국인이 몰려올 것으로 전망하고 있다. 미국을 제외한 국가들 특히 아시아권 국가들에서는 카리브해 연안국에 대한 생소함, 현지 관광홍보 소홀, 상대적으로 비싼 관광비용 등을 이유로 관광객이 적었는데, 전 세계 관광시장 '큰손'으로 부상한 중국인 관광객을 사로잡기 위해 나서고 있다.

멕시코 관광청은 최근 베이징·상하이·광저우·홍콩에서 중국인을 대상으로 신혼여행, 비즈니스관광, 럭셔리 관광 홍보에 적극 나선다는 계획을 가지고 있으며 중국인 관광객 전문가이드 시험도 운영하고 있다. 멕시코 방문 중국인 관광객수도 전년 대비 30% 늘어날 것으로 전망되고 있다.

그러나 멕시코의 정부경쟁력은 기형적인 현상을 보이고 있다는 점을 심각히 받아들여야 한다. 국가의 장래를 좌우할 수 있는 교육, 환경, R & D 등이 이 연구의 평가대상중에서 최하위에 속한다는 점은 우려할 만 점이다. 근시안적으로 관광객을 유치함으로써, 일부 경제적 효과는 있을지 모르지만 실제로 지속가능하지 않기 때문이다.

무엇보다도, 치안질서의 회복 등 정부에서 반드시 수행해야만 하는 1차원적인 측면의 경쟁력 확보가 필수적인 것으로 보인다. 국민이 정부에 대한 신뢰도가 낮고, 무질서와 범죄가 끊이지 않는 나라가 무슨 장래가 있을 것인가. 당장의 먹고사는 문제에 급급하여 필사적인 노력을 하는 것이 오히려 장기적인 문제를 악화시킬 수 있음을 명심해야 할 것이다. 관광수입으로 얻어지는 재원을 이와 같이 매우 중요한 정부경쟁력 회복에 사용할 것이 절실히 요구된다.

제 11 장

맺는말

이 책은 정부경쟁력 연구의 결실을 처음으로 내놓는 것이다. 자료의 제약상 첫해의 연구대상은 34개 OECD국가에 한정하여 정부경쟁력의 특성에 대해서 고찰해 보았다. 물론 이번 연구대상인 OECD 국가들은 개발도상국과는 여러 측면에서 현격히 다르다. 하지만 연구대상 국가들이 지리적, 역사적, 정치적 배경이 각각 다름에도 불구하고 정부의 역할과 그 결과를 중심으로 비교해 봄으로써 향후 정부경쟁력 연구를 더욱 세밀하게 진행하기 위한 초석이 될 수 있을 것이다.

본 연구결과, 각국이 상대적으로 다른 분야에 비하여 정부경쟁력이 강한 분야와 취약한 분야를 요약하면 다음과 같다.

<표 31> 각국의 정부경쟁력 비교우위표

국가	우위분야	취약분야
한국	문화관광, 경제, ICT	농업식품, 보건복지, 환경
미국	경제, 교육, 농업식품, 문화관광,	보건복지, 환경
노르웨이	경제, 환경, 총괄	농업식품, 문화관광
독일	문화관광, 경제, 교육	보건복지, 환경
호주	교육, 총괄	환경, 문화관광
일본	R&D, 문화관광, 경제	총괄, ICT
이스라엘	농업식품, R&D	환경, 총괄
체코	문화관광	농업식품, 교육, ICT, 환경, 총괄
멕시코	문화관광, 농업식품	총괄, 보건복지, R&D, ICT

본 연구는 '역량'과 같이 잠재력이 아니라, 이미 나타난 결과를 비교하였다는 점이 특징이다. 또한 단기적인 것에 국한하지 않고, 장기적 안목의 정책이 필요한 부분까지도 고려했다. 이 연구의 결과, 경쟁력 순위가 우리의 상식이나 다른 지표와 차이가 나는 것은 바로 이런 이유에서 이다. 즉, 비교대상과 시각이 다르기 때문이다.

연구를 마무리하는 입장에서 몇 가지 결론을 맺기로 한다.

첫째, 정부의 역할이 중요하다는 점이다. 이라크 전쟁의 정당성 논쟁에 따른 불명예와 막대한 국가부채로 시름하는 미국이나, 장기 경기침체 및 후쿠시마 원전사태로 역시 어려움을 겪고 있는 일본 등이 여전히 정부경쟁력에서는 상위를 차지하고 있다는 점을 주목해야 한다. 특히 미국은 정부의 역할을 중립적 규제자에서 적극적 간여자로 변화시켜 나가면서 미국 경제회복의 구심적 역할을 수행하고 있다. 결국 국가의 시장경제가 위기에 빠지자, 중요한 행위자 중 하나로서 활발한 역할을 하는 것은 정부라는 것을 보여주고 있다. 반대로 비록 빠른 경제성장을 하고는 있지만 실제 정부의 역할이 충분치 않은 멕시코가 최하위를 기록했다는 점이 이를 뒷받침해준다.

둘째, 장기적인 관점에서 정부경쟁력을 높게 하는 정책분야가 있다는 점을 주목해야 한다. 즉 본 연구의 대상인 9개 분야 중 좀 더 근본적인 것이 있고, 응용분야가 있다는 것이다. 근본적인 경쟁력의 근원은 기초학문을 비롯한 과학기술연구와 개발이다. 따라서 R&D 정책분야의 순위가 높은 미국, 독일, 일본 등을 주목할 필요가 있다. 이들 국가들은 '부자가 망해도 3년은 간다'는 말과 같이, 아무리 다른 분야의 경쟁력이 저하되더라도 일정한 수준의 경제력을 유지할 수 있는 튼튼한 기반을 갖추고 있는 국가라고 생각된다. 우리도 최근 늦었지만 R&D 투자액이 늘어가고 있는 것으로 나타났다. 그러나 아직도 기초학문분야에 대해서는 미흡한 수준에 있는 것이 사실이다. 특히 전 세계를 무대로 해당 분야의 최고가 될 만한 인재를 양성하고, 그들이 마음대로 연구활동을 할 수 있는 여건을 제공하는 것이 필요할 것이다. 이러한 체계적인 지원은 정부가 앞장서서 해야 할 일이다. 한 국가의 미래를 준비하고, 그를 위해 기틀을 다지는 역할이기 때문이다.

셋째, 국가의 부를 가져오는 정책분야에 대해서는 나라마다 지니고 있는 고유의 특성이 중요함을 알 수 있다. 최근 세계화의 현상으로 재화와 인력의 국가간 이동이 활발해졌다. 따라서 문화관광분야가 황금알을 낳는 나라가 많이 있음을 알 수 있다. 이들 나라 정부의 눈부신 대내외적 활동의 결과라고 평가할 수도 있을 것이다. 그러나 1차 산업 → 2차 산업 → 3차 산업으로 중점산업분야가 옮겨가고 있다는 공식이 일반화된 법칙은 아니라고 할 수 있다. 노르웨이와 같은 나라에서 수산업이 큰 효자노릇을 하고 있는 것이 그 예이다. 이처럼 각 나라 나름대로 최적의 정책방향을 만들어 내는 것이 무엇보다 중요하다고 할 수 있다. 즉 세계적으로 특정 분야가 각광받는다고 해서 고유의 특성을 무시한 채 우르르 몰려가는 형태의 발전방향은 심사숙고할 필요가 있다.

넷째, 정부경쟁력의 가장 기초적인 요건은 안보와 치안 등 국가의 계속성 보장에 있음을 알 수 있다. 이스라엘의 경우, 태생적 안보불안 속에서도 국가의 생존을 위해 정부가 최선의 노력을 하고 있다. 반면에 멕시코의 경우, 치안질서의 불안이라는 심각한 문제를 안고 있다. 국가의 계속성이 위협받는 상황은 경제분야를 비롯한 다른 정책분야에도 막대한 영향을 미칠 수 밖에 없다. 결국 정부의 경쟁력이 더욱 높은 차원으로 보완되기 전에 우선적으로 안보질서기능을 확보하는 것이 중요하다.

다섯째, 관료제로서 정부전체의 총괄적 운영도 매우 중요하다. 바람직한 정부는 국민전체의 의사를 결집하기도 하고, 다른 한편으로는 일반사회보다 앞서서 정책을 이끌어 가야한다. 우리가 강조하는 좁은 의미의 정부경쟁력이 바로 여기에 있다. 이러한 관점에서 볼 때, 국정전반의 능력을 나타내는 총괄분야가 중요하다. 총괄분야의 경쟁력이 취약한 일본, 이스라엘, 멕시코 등은 향후 장기적으로 경쟁력을 잃을 가능성이 있다고 판단된다.

여섯 째, 우리나라 정부의 경쟁력을 보다 자세히 들여다 볼 필요가 있다. 우리나라의 경우, ICT분야 등 몇 가지 정책분야에서 다른 나라보다 우월하다. 반면에 장기적으로 보았을 때, 무엇 하나 우리의 미래를 보장할 만큼 완벽한 것도 없다. 특히 총괄부문이 문제이다. 행정부의 정책능력이 과거와 같이 높지 않은 것으로 평가된다. 관료제 내부적으로 관료들의 패기와 열정도 식고 있다.

또한 사회갈등과 신뢰의 하락도 매주 중요한 변수이다. 이 이면에는 정치가 제기능을 못하고 발목을 붙잡고 있다는 점을 지적할 수밖에 없다. 미국의 의회는 매년 1만건 이상의 법안이 상정되고 토론된다. 거대한 보조조직이 미국 의회의 다양한 활동을 지원한다. 그렇다면 우리 국회는 어떠한가? 2012년 총예산 5069억원을 사용한 것에 반해, 1년동안 통과된 법률안은 231건 (18대 112건 + 19대 119건)이다. 총선이전과 이후에는 법률안이 급격히 증가하는 경향이 있기 때문에 당연하다. 중요한 것은 이를 단순히 나누어 보면, 한 법률당 가격이 무려 약 22억원에 해당한다는 점이다. 2013년의 경우에는 총예산이 5,219억 원인데 반해 통과법률안은 513건이고, 여기서 한 법률당 비용은 약 10억 원이 된다. 게다가 국회가 계속 대치상태에서 정지되어 있는 것을 보면, 그 문제의 심각성을 알 수 있다. 또한 국회의원 등 정치인에 대한 신뢰가 땅에 떨어져 있다는 각종 조사결과가 의미하는 것은 정부가 정책을 펴갈 수 있는 능력을 상실해 가고 있다는 것을 의미한다. 경제분야와 같은 몇몇 분야의 성장이나 성공에 함몰되어 행정부, 나아가 한 국가의 기반을 제대로 다져나가지 않는다면 장기적 측면에서 경쟁력에 위기가 올 수 있음을 인지해야 할 것이다.

첫 번째 연구결과인 본 연구는 많은 한계를 가지고 있다. 서론에서 밝힌대로 이 연구는 이제 시작이다. 매년 평가되는 국가들의 범위 및 정책분야도 넓혀나갈 것이며, 사용하는 지표도 지속적으로 보완할 것이다. 물론 자료의 축적도 이뤄질 것이다. 나아가 이들 정보를 공유하고, 좀 더 나은 정부로 가기 위한 제안들을 모색할 것이다. 향후 정부경쟁력에 대한 지속적인 관심을 기대하는 바이다.

정부경쟁력 2013

인 쇄 2014년 3월 21일
발 행 2014년 3월 21일

지은이 _ 임 도 빈 외
발행인 _ 이 재 영
발행처 _ 도서출판 조명문화사
133-819
서울시 성동구 뚝섬로4길 28 (성수동1가)
전화 070-4354-7417
팩스 02-498-3018
등록번호 / 제2-846호(1989.7.13)

ISBN 978-89-7257-414-9 93300
정가 18,000원

이 저서는 2011년 정부(교육과학기술부)의 재원으로 한국연구재단의 지원을 받아 수행된 연구임(NRF-2011-330-B00195).